W0250403

MAUVAIS PÈRE

Du même auteur

J'ai aimé un manipulateur, Les Arènes, 2010.

Ouvrage publié sous la direction de Catherine Meyer

© Éditions des Arènes, Paris, 2016
Tous droits réservés pour tous pays.

Éditions des Arènes
27, rue Jacob, 75006 Paris
Tél. : 01 42 17 47 80
arenes@arenes.fr

Mauvais père se prolonge sur le site www.arenes.fr

CAROLINE BRÉHAT

MAUVAIS PÈRE

TÉMOIGNAGE

LES ARÈNES

À ma fille

1

Rupture

Je me souviens de tout, avant la coupure du cordon. De l'hôpital Columbia-Presbyterian de New York. De l'équipement high-tech autour de moi. De la sage-femme, une blonde joufflue d'une soixantaine d'années, qui vient d'arracher mon bébé de mes entrailles dans une coulée de sang. De mon extase quand j'ai vu pour la première fois ma fille, Gwendolyn. Endolorie, je me soulève avec difficulté et m'accoude pour contempler la figurine violacée et fripée qui s'époumone.

– Elle a du coffre. Elle aura du caractère, murmure la sage-femme en souriant avec bienveillance.

Julian est en pleurs. «*Oh my God! Oh my God!*», répète-t-il sans cesse. Il se tourne vers la sage-femme et claironne en français, avec un fort accent américain :

– Elle est magnifique ! Ma fille est magnifique !!!

Il tend les bras pour accueillir le bébé vagissant, mais l'accoucheuse le gronde gentiment :

– Allez, allez, poussez-vous de là. Vous nous encombrez.

L'assistante essuie l'enfant. Elle saisit une paire de ciseaux et la donne à la sage-femme pour qu'elle coupe le cordon ombilical, mais Julian tend la main et interrompt son geste.

– Je peux le faire ?

La sage-femme le regarde, dubitative pendant quelques secondes. Avec sa mâchoire carrée et son sourire conquérant, un brin carnassier, Julian affiche une assurance inébranlable, et, sans plus tarder, la sage-femme lui tend les ciseaux.

– Vous n'êtes pas un gringalet ! Beaucoup seraient déjà à terre à l'heure qu'il est, dit-elle en me prenant à témoin.

Il y a de l'admiration dans ses yeux.

Je l'ai vu faire – il l'a d'ailleurs assez répété à qui voulait bien l'entendre –, mais je ne me souviens de rien, comme si cette image m'était devenue insupportable après coup. Comme si ce geste avait rompu la magie de la naissance de Gwendolyn et propulsé ma vie dans l'interminable cauchemar qui allait suivre. Le combat acharné et sans merci que j'allais devoir livrer pendant huit années aux États-Unis, puis en France, pour empêcher Julian de m'enlever Gwendolyn, devenue pour lui, par un processus monstrueux et affolant, une sorte de prolongement de lui-même. Et une arme de destruction de la mère de son enfant.

2

Séparation

– Il arrive maman ! Je le vois ! Il traverse la route ! Oh non, maman, je ne veux pas aller avec daddy !

Sa voix est comme un gémissement, elle me serre la main à la broyer. Je tente de rester aussi calme que possible – mais au fond de moi, c'est la panique.

– Oui, moi aussi, je le vois. Respire bien fort, lentement : inspire et expire. Par le ventre. La peur va partir si tu respires bien par le...

Gwendolyn m'interrompt, et je sens la terreur qui lui brise la voix m'envahir à mon tour.

– Non, je ne peux pas... respirer par le ventre. J'ai trop peur... J'y arrive pas...

– Ça va aller, mon trésor. Calme-toi surtout.

Mon cœur se serre en voyant Julian traverser avec allégresse la 30e Avenue à Astoria. Il porte des lunettes de soleil à verres miroir, ses joues ne sont pas rasées et il se dirige vers nous d'un pas allant sous un soleil de plomb. Sa peau mate, ses cheveux bouclés et son sourire d'acteur hollywoodien attirent les regards féminins, mais à moi, ils inspirent le malaise. Je détourne les yeux, réprimant à peine une grimace. Gwendolyn comprime ma main encore plus fort et murmure d'une voix quasiment inaudible : « Non, maman, non, maman, je ne veux pas y aller... » Son angoisse me transperce le ventre.

– Ça va aller, mon petit trésor. Pense à toutes les choses géniales qu'on va faire quand les vacances avec daddy seront finies. Sois forte. Sois courageuse.

Terrorisée, elle détourne la tête pour ne pas le voir. Se peut-il qu'il ne se rende pas compte de l'effet qu'il produit sur son enfant ?

Oui, c'est possible.

Julian regarde Gwendolyn en souriant comme si de rien n'était. Ce type est soit un robot, soit un acteur de grand talent doublé d'un sadique.

– Hey Boubou !

Il a l'air totalement décontracté. Gwendolyn hésite à aller vers lui, elle ne sourit pas. Elle se décide finalement à avancer.

– *Hi dad !* répond-elle d'une voix faussement gaie.

Elle avance lentement vers lui et pose la tête sur son ventre quelques secondes en guise de « bonjour » sans me lâcher la main. Elle me regarde d'un air triste et résigné, et mon cœur se tord, comme essoré par l'angoisse.

Je le fixe intensément et, comme à chaque fois que je le regarde maintenant, je le trouve d'une laideur repoussante. Je me demande comment tant de femmes peuvent lui attribuer un «charme dévastateur». Son nez aquilin et ses yeux rapprochés lui donnent un air féroce.

Chaque fois qu'elle doit retrouver son père, Gwendolyn a peur. Elle veut maîtriser l'imprévisible et connaître son emploi du temps.

– Est-ce que je vais voir ma copine Irene cet après-midi ?

– Je ne sais pas. Il fait une chaleur torride. On va certainement aller à la piscine.

Il a l'air ravi d'un enfant qui se voit déjà en train de barboter dans l'eau fraîche. J'ai la nausée.

– Super, tu vas retourner à la piscine aujourd'hui.

J'ai parlé d'une voix aussi enjouée que possible. Gwendolyn ne sourit pas. Elle me broie toujours la main. Machinalement, je serre un peu plus fort sa petite main potelée.

– Le chlore va rendre ses cheveux tout blonds…, murmure-t-il d'une voix caressante en regardant Gwendolyn d'un air émerveillé.

Sa réflexion me prend de court. Les yeux de Gwendolyn sont rivés au sol et le malaise m'envahit. Je le regarde toujours fixement, intensément, bien décidée à lui montrer la haine et l'écœurement qu'il m'inspire. Il doit le sentir car il semble vouloir déguerpir.

– *OK, let's go, Boubou*, dit-il d'une voix trop forte qui nous fait sursauter et me donne la chair de poule.

Julian avance vers sa fille. Le corps de Gwendolyn se décolle du mien, elle fait elle aussi deux petits pas vers son père, dénoue sa main de la mienne, et je remarque que ses yeux sont humides. Elle s'éloigne, étouffe un sanglot, se retourne, revient vers moi, et m'étreint de nouveau avec toute la force de ses petits bras fluets.

– Non, maman, non ! Ne me laisse pas partir ! Je ne veux pas y aller ! Je t'en supplie !

Je me penche vers elle. Que dire ? Comment la rassurer ? Je lui embrasse les cheveux, je prends son petit visage inquiet dans mes mains et je sens bientôt ses larmes chatouiller mes paumes. Ses dents se mettent à claquer et quelque chose au fond de mon estomac me cisaille les entrailles. Je chavire, et les mots qui me viennent à l'esprit sont toujours les mêmes.

– Calme-toi, mon petit trésor... Calme-toi... Oh, calme-toi...

J'embrasse ses yeux mouillés, je lui caresse les cheveux. Je m'agenouille près d'elle, je la prends dans mes bras, je la câline, je la cajole. Toujours les mêmes mots, les seuls qui parviennent encore à mon cerveau bouleversé.

– Ça va aller... Je te le jure... Je te le jure... ça va aller... ça va bien se passer...

Elle me serre plus fort encore, enfonce sa tête dans mon ventre comme si elle voulait y retourner. Elle appuie trop fort, et j'ai mal. Je me rends compte que je tremble comme une feuille. Je murmure : « Je t'aime plus que tout au monde... » Et elle répond d'une voix soudain audible, infiniment douce : « Je sais, maman. » Alors je recommence à l'embrasser, lui caresse les cheveux, la serre un peu plus fort contre moi. Je voudrais ne jamais la lâcher, la cacher tout au fond de moi. Je l'embrasse encore. Ses joues. Ses yeux. Ses cheveux. Je bois ses larmes. Je voudrais avaler sa souffrance. Les mots se heurtent les uns aux autres dans ma tête, mais aucun ne semble sonner juste. Tant bien que mal, je réussis à en rassembler quelques-uns que je susurre maladroitement à son oreille : « Tu... tu es la petite fille douée... pour le bonheur... tu te souviens ? » Ses yeux mouillés se plongent dans les miens, elle hésite, puis elle semble se ressaisir – où trouve-t-elle la force ? « ... Je sais, maman... », elle pousse un long soupir, respire profondément en posant la main sur son estomac, mais elle est reprise de pleurs convulsifs. Mon affirmation m'apparaît alors dans toute sa cruelle absurdité, et je me déteste. Je déteste ce rôle que je suis forcée de jouer. Comment peut-on demander à un enfant de faire semblant d'être heureux alors qu'il est terrorisé ? Comment peut-on forcer une mère à croire que son enfant est heureux alors qu'il est désespéré ? Je l'embrasse de nouveau, éperdument, – comme pour lui forger une armure qui la protégerait de la souffrance : « Ça va... ça va passer vite, mon ange... Je te le promets... » Des phrases absurdes auxquelles je ne crois pas un instant.

Soudain, je pense à lui. Comment réagit-il à ce spectacle ? Je pressens qu'il est encore en train de sourire. Mon regard embué se tourne vers lui. Et je n'y crois pas. Je cligne des yeux car je n'en reviens pas. Imperturbable, Julian nous observe en souriant ! Je le fixe, incrédule. Il détourne finalement le regard, mais il sourit toujours, impassible, les yeux tournés vers l'horizon. Et soudain, je sais exactement ce qu'il pense, il le répète tout le temps à Gwendolyn : « Tout cela, c'est de la comédie. C'est ta mère qui te dit de jouer la comédie. Tu n'es pas vraiment triste. Tu ne peux pas être triste puisque tu vas avec ton père. Tu adores ton père. Je le sais. Ne dis pas le contraire. »

Je sens la rage gronder, et, bientôt, je ne peux plus contenir cette tornade. Cela fait trop d'années que je me tais. Les mots jaillissent de ma bouche par rafales.

– Tu souris ? Tu n'es même pas un peu triste en voyant ta fille dans cet état ? Tu n'as donc aucune empathie ? Tu n'as pas accès à cette émotion-là, hein ? Tu n'es pas un père normal !

Il lève le bras, fait un pas vers moi, mais je l'arrête aussitôt d'une voix tonitruante que je ne me connais pas : « Ne t'approche pas de moi ! Recule immédiatement ! »

Il recule instantanément, et je crois lire une expression de crainte infantile sur son visage. Mais Gwendolyn prend peur. Pas pour elle, pour moi. Lentement, difficilement, son corps se détache à nouveau du mien et j'ai l'impression que nos chairs se déchirent. Elle murmure d'une voix blanche que je ne lui connais pas : « J'y vais, maman… J'y vais. » Il lui tend la main, elle s'approche d'un air craintif, lui donne lentement la sienne et me regarde en hoquetant, elle fait quelques pas, puis se retourne vers moi, et j'aperçois son petit visage bouffi par les larmes.

SÉPARATION

Le compte à rebours a commencé. Trente et un jours de « vacances » avec daddy. Trente et un jours de terreur et de résistance mentale pour une enfant de 7 ans, face à un père déterminé à effacer sa mère de son cœur et de son esprit, coûte que coûte. Gwendolyn s'écrie : « Maman, je t'aime ! Ne sois pas tris… » Le reste de sa phrase se perd dans un sanglot.

3

Vivre, vivre enfin

Nous avons fui Manhattan comme on fuit une guerre. Ses rats et ses cafards dissimulés sous ses artifices. Le « district des bas de soie », l'élégant Upper East Side, ses *brownstones* [1] et ses *doormen* [2], exhibés dans les séries télévisées. Un quartier dont le luxe tapageur fait rêver une partie de la planète ; notre cauchemar à nous. Nous y avons laissé tout ce que nous avions accumulé, tout ce que nous possédions : notre joli appartement de la 81e Rue, nos bijoux, nos livres, nos robes, nos chaussures, les jouets de Gwendolyn. Si peu, en vérité. Des photos aussi. Celles d'une autre vie – la naissance et les huit premières années de Gwendolyn. Je me demande parfois si quelqu'un les a retrouvées, et ce qu'il a bien pu y lire.

---

1. Série de maisons alignées en grès rouge.
2. Portiers.

Nous avons fui la terreur. La terreur des séjours de Gwendolyn chez son père et sa belle-mère. Les calendriers et leur pouvoir terrifiant : les jours avec maman, des cœurs roses fluo dessinés par Gwendolyn sur les cases du calendrier. Les jours avec daddy, des croix noires. Une obligation qui résonnait comme un commandement : savourer chaque infime seconde du temps passé avec elle – en priant pour qu'il ne s'arrête jamais. Notre angoisse en voyant s'égrener les heures et les « jours-cœurs » se consumer. Les échanges pleins de larmes pendant lesquels elle refusait de me lâcher la main et hurlait en s'éloignant « MAMAMAN ! » Les punitions, systématiques après les pleurs, et les menaces qui tombaient comme un couperet : « Tu ne reverras plus ta mère. Comme ça, tu ne pleureras plus jamais. » Les vacances scolaires, que Gwendolyn était la seule à détester parmi ses camarades, car elles impliquaient des séparations et de longs silences, rythmés pour moi par ses rares appels téléphoniques, souvent en pleurs, espérés et redoutés à la fois, et des conversations amputées.

Puis, un jour, cette guerre parentale est devenue trop cruelle pour Gwendolyn, et les sorcières vertes qui peuplaient ses nuits ont commencé à hanter ses jours.

Nous avons fui la folie de Julian. Julian, ce père confronté à l'impensable pour lui, l'inacceptable : le désamour de cette fillette indigne, qui préférait être punie et persécutée par son père et sa belle-mère plutôt que d'accepter de croire leurs mensonges et de « trahir » sa mère : « Avoue que c'est ta mère qui te dit d'avoir peur de ton père ! » Les accusations d'aliénation parentale à mon encontre, moi, la mère « aliénante » qui avait programmé Gwendolyn à haïr son père. Les éternelles requêtes judiciaires de Julian, qui semblait employer tout son temps, toute son énergie à persuader les juges que le désaveu de sa fille à son égard était fabriqué par sa mère. Les audiences, les procès, les avocats véreux, prêts à toutes les bassesses et compromissions pour en découdre avec la mère dangereuse que Julian leur avait si savamment dépeinte. Leurs factures renversantes. Les questions incessantes de Gwendolyn, qui tentait vainement d'humaniser les juges : « Il ressemble à papy, le juge, maman, il a des lunettes, des cheveux blancs. »

Un jour, un jour glacial d'hiver, Gwendolyn m'a demandé pardon parce qu'elle avait envie de mourir, et je me souviens, comme tatoués dans ma mémoire, de son visage torturé, de sa voix de fillette usée, et de ses pleurs incontrôlables à l'idée de ne plus jamais me revoir. Elle étouffait de larmes et les mots mouraient, les uns après les autres, dans ma gorge.

Stupéfiée, anéantie, je découvrais toute l'étendue de la folie de Julian. J'étais sûre que j'allais chavirer, me noyer et emporter mon enfant avec moi. Comment accepter que l'homme dont j'étais tombée amoureuse, le père de mon enfant, se livre à un combat mortel contre moi, aveuglé par la haine au point d'anéantir sa propre enfant ? Comment accepter que la vie se retire déjà à 8 ans ? À 8 ans seulement ?

La vérité, c'est que je n'osais penser à un départ définitif. Je n'avais pris aucune décision mais caressais l'espoir secret que quelque chose m'inciterait à ne pas repartir…

Alors, un jour, un soir plutôt, nous avons quitté notre prison new-yorkaise et laissé derrière nous cette vie de mère-fantôme, d'enfant exsangue, cette guerre parentale asymétrique. Nous avons pris l'avion pour la France, j'espérais, sans oser y croire, ni m'y préparer, que là-bas je pourrais enfin offrir à Gwendolyn le cadeau dont elle rêvait le plus : une maman gaie et insouciante, comme celles sur lesquelles elle se retournait avec envie dans les rues de Manhattan. Je n'oublierai jamais nos sourires confiants dans l'avion et la petite main de Gwendolyn qui s'entêtait à rester dans la mienne. J'ignorais où tout cela allait nous conduire, mais le soleil matinal étincelait lorsque nous sortîmes de l'avion qui venait d'atterrir, et je me souviens du bonheur diffus qui nous enveloppait, de mes larmes, de la main de Gwendolyn toujours blottie dans la mienne, de sa poupée collée contre elle, et de ses paroles enfantines, prophétiques : « On est arrivées dans ton pays ! Ne pleure pas, maman, tout va aller mieux maintenant. Je te promets. »

*

« Maman ! Maman ! » Les cris de Gwendolyn me font soudain tressaillir, interrompant le flot de souvenirs douloureux qui m'assaillent toujours, aujourd'hui plus que jamais. « Maman ! Maman ! » Le cœur battant, je repousse ma chaise, me précipite vers l'aire de jeux où se trouve sa balançoire et, la main droite en visière pour protéger mes yeux du soleil, j'absorbe la scène lentement. Les cris de Gwendolyn sont des cris de joie. Debout sur sa balançoire, projetée dans les airs, elle crie dans ma direction :

– Regarde, maman, comme je vais haut !

Arc-boutée, les pieds nus sur la planche, les mains empoignant les deux cordes, elle déplace savamment son bassin d'avant en arrière pour diriger sa balançoire toujours plus haut vers le ciel.

– On dirait… un oiseau qui vole dans le ciel ! Un… un oiseau de paradis !

Gwendolyn sourit. Moi aussi. Elle n'a pas décelé l'angoisse qui me submerge d'être à nouveau séparée d'elle. Tremblante, j'attends le verdict, le coup de téléphone de notre avocat, maître Tollides, qui va nous annoncer la décision des juges de la cour d'appel de Rennes. La fin de notre cauchemar ? Allons-nous pouvoir rester en France et vivre normalement ? Ou le début d'un nouveau cauchemar, pire encore ? Gwendolyn sait tout cela, mais elle rit aux éclats. Comment fait-elle pour être si forte ?

– Regarde, maman, c'est super dur de se balancer debout ! crie-t-elle joyeusement, son corps gracile de fillette tendu comme un arc.

Le tableau a des airs de paradis retrouvé. Il y a le grand érable vermeil où est suspendue la balançoire de

Gwendolyn. Le linge propre attaché à un fil, bercé par la brise estivale dans les effluves fleuris d'un jardin d'août. Le souffle rassurant de la mer contre les murs du jardin, ces remparts qui protègent notre bonheur précaire. Et presque irréelle, au fond du jardin, il y a Gwendolyn, debout sur sa balançoire, qui s'élève toujours plus haut dans les airs. Je frissonne en admirant sa beauté diaphane, si délicate – petit papillon qui butine les fleurs d'une toute première saison – et je me demande où nous allons. Nos vies sont désormais entre les mains de juges en robe noire bordée d'hermine.

4

«Bad Dad»

Toute petite, elle disait «Bad Dad» («mauvais père») et c'était comme une sentence sans appel. Avec la figure paternelle, c'était toute une langue qu'elle désavouait: «Je n'aime pas l'anglais car je ne me sens pas en sécurité lorsque je parle anglais», disait-elle parfois. Elle cachait dans les recoins les plus sombres, les plus reculés, de l'appartement – espérait-elle vraiment que je ne les trouverais pas? – des petits papiers soigneusement pliés et scotchés, sur lesquels elle avait écrit en un seul mot, au feutre noir, tellement appuyé que le papier en était parfois percé: «Baddad». Sous l'évier de la cuisine. Derrière le siège des toilettes ou une poubelle. Des lieux qu'elle considérait comme insalubres, qu'elle redoutait, et dont elle ne s'approchait plus jamais sans prendre la précaution de déplacer l'objet maléfique, comme si elle tentait par ce geste d'éloigner la présence paternelle de sa vie. Je les trouvais le plus souvent en faisant le ménage pendant son absence – alors qu'elle était avec lui – et je me souviens de la détresse qui s'emparait de moi chaque fois que je tombais sur l'un de ces petits colis piégés, puis de ma prostration, alors que, recroquevillée, je fixais pendant de longues minutes, des heures parfois, le petit paquet maudit comme s'il contenait un poison. Que faisait-elle à ce moment précis ? Pleurait-elle loin de moi, à des années-lumière de mes bras ? Son absence me déchirait le cœur. Je l'imaginais, souriante, petite fée lumineuse, courant derrière un ballon dans un jardin d'enfants, en train de rire aux éclats avec ses amis. Et je priais – moi qui abhorrais les religions – pour que cette scène soit bien réelle. Je finissais toujours par placer l'objet funeste dans une boîte métallique rouillée que je posais – moi aussi – aussi loin que possible de nous, sur l'escalier extérieur de secours. Pensée magique, bien sûr.

BADDAD. L'enchaînement de deux mots dans un D miroir. Deux mots à l'écriture et aux sonorités presque semblables, mais dont le rapprochement, pourtant contre-nature, avait pour Gwendolyn la force d'une évidence. Par opposition, jusqu'à ses 7 ans, Gwendolyn m'appelait toujours « MAMAMAN » et cette union entre le MA et le MAMAN, à laquelle Gwendolyn tenait tant, signait notre unité originelle, notre attachement primordial, immuable malgré les efforts de son père pour nous séparer. Elle affichait son scepticisme lorsque ses petites amies lui disaient combien elles aimaient leur père. « Tu penses vraiment qu'il est gentil, le père de Tea ? », me demandait-elle, méfiante. « Mais oui, bien sûr qu'il est gentil puisque Tea l'adore ! », répondais-je aussi gaiement que possible pour masquer mon inquiétude. Plus troublant encore, ses réactions de méfiance face à des pères manifestement éblouis, qui retrouvaient chez Gwendolyn la magie de leur propre fillette, et se faisaient un devoir de la dérider, tel ce technicien un peu hirsute, venu réparer notre télé un après-midi de printemps. Droite et réticente, elle le scrutait, incrédule, pendant qu'il nous racontait sa dernière course en sac avec sa fille. Il était hilarant, mais Gwendolyn ne s'en laissait pas conter. Je savais qu'elle avait vu en lui un autre « Baddad » et elle gardait le silence. D'ailleurs, aussitôt eut-il tourné les talons, quelque peu surpris par cette fillette trop sérieuse, qu'elle me murmura à l'oreille : « Je suis sûre que c'est un méchant daddy. Je l'ai vu dans ses yeux. Il joue la comédie. »

Je me suis souvent demandé ce que Gwendolyn voulait dire par Bad Dad. Mauvais père ? Ou père mauvais ? Un mauvais père est un géniteur qui ne se comporte pas comme un père, n'assume pas sa tâche paternelle. Irresponsable, immature, non disponible. Démissionnaire. Il ne change pas les couches du nourrisson, ne se préoccupe pas des besoins de sa progéniture, ne lui consacre pas suffisamment de temps, ne verse pas de pension alimentaire. Un fait de société quasiment banal, presque attendrissant, surtout aux États-Unis, cette contrée virile où l'on a coutume de dire

«*Boys will be boys*» («On n'empêchera pas les garçons d'être des garçons»), et, par extension, «*Dads will be dads.*» On se remet d'un mauvais père. On peut même devenir un adulte heureux. Mais que dire des Génitrix, Folcoche, Médée des temps modernes, qui hantent la littérature et le cinéma classiques. Être une mauvaise mère, c'est une sentence sans appel, angoissante, qui désigne une mère non maternante, non sécurisante, contre-nature, l'antithèse de la fontaine de douceur et d'amour mise à l'honneur par notre société. Une mère tellement pathogène qu'elle peut rendre son enfant fou. Une mère aliénante. Ce serait moi bientôt cette mère. Julian m'accuserait d'être la variante moderne de cette mère-là, une mère tellement emplie de haine à l'égard du père de son enfant qu'elle est capable de l'inculquer à son enfant sans se soucier de la souffrance qu'elle lui inflige.

Le «Baddad» de Gwendolyn était le pendant masculin de cette figure maternelle: le père mortifère, qui dénature et défigure. Chronos des temps modernes. Un être indigne de l'idée que la société se fait du *pater familias*, cette figure intouchable, presque déifiée. Une vérité à occulter. Un être dont, Gwendolyn l'avait confusément compris, il fallait contenir la toxicité dans des petits paquets soigneusement clos. Le père de Gwendolyn avait pourtant quelque chose en plus, il appartenait à une confrérie de pères modernes d'un genre nouveau: il ne supportait pas de ne pas être l'unique objet d'amour, de fascination de Gwendolyn, et rêvait de me séparer d'elle pour prendre ma place. Je crois sincèrement qu'inconsciemment Julian se rêvait en mère. Confronté au désaveu total de Gwendolyn, pire, à la phobie qu'elle manifestait à son égard, il n'hésitait pas à affirmer devant les juges, les experts, que j'étais celle qui avait fabriqué cette peur pour le séparer de sa fille. Il tentait aussi d'en convaincre Gwendolyn. C'était donc lui le parent aliénant. Ses accusations me paraissaient d'abord totalement absurdes, mais je ne tardais pas à m'apercevoir qu'elles étaient prises très au sérieux par la justice américaine, persuadée de l'existence d'une horde de mères vicieuses et toutes-puissantes qui « programmaient » leur enfant pour qu'il haïsse son père.

Le « syndrome d'aliénation parentale » (SAP) est une stratégie judiciaire à la mode. Inventé par Richard Gardner, un psychiatre américain déséquilibré, ce concept est devenu une sorte de dogme pour les tribunaux américains dédiés aux affaires familiales, et, bien qu'il soit discrédité par la communauté scientifique, ce prétendu syndrome a conquis les esprits et gouverne les comportements judiciaires. Gardner, qui a fini par se suicider, affirmait que les enfants qui ont peur de leur père et l'accusent de violences (souvent sexuelles) ne peuvent qu'avoir subi un « lavage de cerveau » de la part de leur mère.

Cette stratégie « made in the USA » porte très souvent ses fruits dans les tribunaux américains. Et comme toutes les modes inventées aux États-Unis, elle est de plus en plus en vogue en Europe où le syndrome d'aliénation parentale est en passe de devenir l'arme imparable des pères maltraitants. Le scénario est désormais bien rodé. Dès qu'une mère dénonce des violences paternelles, le père riposte en brandissant le SAP. Automatiquement, les accusations de violences se retournent contre la mère, qui devient la manipulatrice, la folle dont il faut absolument protéger l'enfant. Le SAP est un mot magique, un instrument qui neutralise les violences conjugales et condamne les enfants à subir les violences paternelles. Le SAP allait devenir la botte secrète de Julian contre moi.

5

Le faux prophète

Non loin de nous, dans le cimetière marin qui fait face à la baie de Lannion, la cloche de la petite chapelle dédiée à l'archange saint Michel carillonne. Le soleil illumine le jardin et Gwendolyn, toujours sur sa balançoire, tangue dans les airs comme dans un film qui semble se dérouler à l'infini. L'archange me ramène dix ans en arrière. À cette époque, une chanson intitulée « L'Ange » avait propulsé Julian dans les cercles antiguerre américains. Je rencontrai Julian Jones pour la première fois après l'avoir entendu chanter sur une scène de Central Park lors des manifestations contre la guerre en Irak d'octobre 2002. Le rédacteur du journal pour lequel je faisais des piges m'avait demandé une série de portraits de chanteurs contestataires américains. Julian commençait tout juste à percer en tant que chanteur compositeur et musicien grâce à « L'Ange », qu'il avait eu la chance d'enregistrer avec la légende de la chanson contestataire américaine, Gene Ginger. Il s'enorgueillissait d'avoir fait l'objet d'un article dans le *New York Times*. Il était indéniablement beau et je fus immédiatement séduite par son physique et sa personnalité volubile. Brun, athlétique, un rien exubérant, Julian semblait mordre la vie à pleines dents. Quand je l'interviewai, il se présenta à moi comme un « chanteur-prophète », un apôtre de la non-violence dans la tradition de Bob Marley et Bob Dylan. Cette immodestie me frappa, mais il était attendrissant et poétique. Il haïssait la violence et militait contre elle, ce qui me paraissait admirable. Un an et demi après le début de notre relation, après dix-huit mois de tournées musicales interrompues par les brefs *homecomings* de Julian, je tombai enceinte et commençai à prendre conscience de ma méprise. Il faut toujours se méfier des chantres de la vertu et des prophètes.

Les humeurs changeantes et les emportements de Julian m'inquiétaient : déjà au début de ma grossesse, mais surtout vers la fin puis après la naissance de Gwendolyn, il commença à entrer dans des rages inexplicables, insondables, qui semblaient obéir à une logique obscure. Des colères noires, le plus souvent pour des broutilles. Un froissement de papier trop bruyant. Une porte fermée qui aurait dû rester ouverte. Un qualificatif jugé inadéquat. Certaines rages, sans doute trop traumatisantes, ne sont plus que des fragments d'images dans ma mémoire, mais je me souviens parfaitement d'une scène aussi absurde que terrifiante : je venais de prendre une douche et, devancée par mon ventre gigantesque, je me dirigeais lentement vers le studio d'enregistrement de Julian pour lui dire que la salle de bains était libre. Comme toujours, sa porte était ouverte ; il me tournait le dos, assis, les écouteurs sur les oreilles. Je m'arrêtai sur le seuil de la pièce pendant quelques secondes, me demandant si je devais m'approcher de lui, mais j'étais nue et la pudeur me retenait. Son timbre grave me parvenait faiblement des écouteurs : il venait d'enregistrer sa dernière chanson et l'écoutait, visiblement captivé par le son de sa voix. Je saisis le bonnet de laine vert qui se trouvait sur son bureau parmi une pile d'objets et de papiers en désordre, et le lançai vivement sur son épaule, souriante, sur le point d'annoncer que la douche était libre.

Julian sursauta, saisit le bonnet et se retourna. Il bondit vers moi tel un fauve et se mit à brailler comme un forcené : « Va te faire foutre ! »

Pétrifiée pendant un court instant, je me ressaisis rapidement et, les mains soutenant mon ventre, je me précipitai en direction de la chambre à coucher, mais Julian me poursuivit dans le couloir : « Pourquoi as-tu fait cela, salope ? Pourquoi m'as-tu attaqué de la sorte ??? » Arrivée dans la chambre, je me tins debout, près du lit, bien décidée à lui faire face, à lui expliquer que ce n'était qu'une facétie, que je ne voulais pas lui faire mal. Mais son visage semblait sortir d'un cauchemar et sa violence me tétanisait. Ne sachant que dire, je balbutiai sans réfléchir : « Ce n'est pas possible, il faut que tu voies un psy, tu es complètement dingue. »

Julian semblait en proie à une crise de démence : le visage déformé par la rage, les yeux brillants, la mâchoire serrée, il leva le bras pour me frapper, mais je m'accroupis contre le lit pour protéger mon ventre. Dressé au-dessus de moi, il se ravisa et baissa finalement le bras. Son regard était terrifiant. Il continuait de hurler : « Tu m'as frappé, tu m'as horriblement blessé. Je veux que tu t'excuses tout de suite ! Ce que tu as fait est odieux. » Je le regardai, recroquevillée, abasourdie, et balbutiai tant bien que mal que je voulais juste le prévenir que la douche était libre. Il poursuivit : « Tu dois t'excuser tout de suite car tu as jeté le bonnet trop fort. C'était comme si le ciel m'était tombé sur la tête. La douleur était insupportable. Il faut t'excuser... » Julian me faisait presque douter de moi. « Tu as ri, tu t'es moqué de moi. C'est pour ça que je suis devenu enragé », expliqua-t-il, d'une voix soudain plus calme.

Tous les prétextes étaient bons pour décharger sa violence intérieure comme si, avec moi, Julian se sentait toujours menacé, fragilisé : était-ce cette fichue carrière d'artiste, de militant des droits de l'homme dont il ne cessait de s'auréoler qui ne décollait pas ? Son talent semblait s'étioler comme si « L'Ange » avait marqué son apogée artistique. Comme si, maintenant qu'il allait avoir un enfant, sa créativité musicale était soudain frappée d'aridité. Était-il fini musicalement ? Julian se produisait de moins en moins sur les scènes new-yorkaises, et, tel un parasite, il dépendait totalement de moi financièrement pour sa survie. Responsable de coordination humanitaire pour un organisme international, je gagnais bien ma vie. Julian ne payait pas de loyer puisqu'il vivait dans un appartement que j'avais acquis avec mes propres deniers ; je m'acquittais de toutes les factures ; il faisait des extras dans la menuiserie deux jours par semaine seulement afin de pouvoir donner libre cours à ses talents d'artiste le reste du temps. Je ne m'en plaignais pas, espérant qu'il me réveillerait un matin pour me chanter le tube qu'il venait d'écrire dans la nuit.

La naissance de Gwendolyn agit sur Julian comme une sorte de déclencheur, ou de détonateur. Il se mit soudain à me haïr. Comme si, en devenant mère, j'étais subitement devenue son ennemie, la femme à abattre. Était-ce l'obligation d'assumer son rôle de père et de gagner de l'argent ? La peur archaïque d'être une nouvelle fois abandonné, lui qui affirmait que sa mère avait disparu de multiples fois ? Ou est-ce ainsi que fonctionnent les *control freaks* (maniaques du contrôle), les despotes familiaux ? Mes parents vinrent immédiatement à New York pour nous aider à nous occuper du bébé et des tâches ménagères pendant trois semaines, mais leur séjour était trop long pour Julian, qui ne supportait pas leur curiosité concernant ses projets professionnels, lesquels étaient totalement inexistants. « Trois semaines, comment n'ont-ils pas eu conscience que leur présence nous empêcherait de profiter de notre nouveau-né ? », martelait-il, incessamment.

C'est à cette période que Julian commença à manifester le besoin croissant de me contrôler et de me commander. Cette domination se manifestait par la nécessité de me dévaloriser, de m'humilier et de m'avilir : les insultes faisaient inévitablement partie de l'équation. Lorsque je lui demandais de parler moins fort pour ne pas réveiller Gwendolyn, ou de faire attention en la portant, il vociférait : « Va te faire foutre, salope ! » et exigeait des excuses immédiates. « Comment oses-tu parler ainsi de moi, le père du bébé, devant le bébé ? » Dès qu'il se sentait remis en question, il m'attaquait avec la violence d'un pit-bull. Il m'insultait plus encore lorsque je me défendais. J'étais toujours coupable de délit d'intention – je négligeais ses besoins. De plus en plus, Julian m'accusait d'actes et de propos dont je n'avais pas souvenance. Il déformait. Il affabulait. Il imaginait. Il projetait. Dans un déni de réalité effarant, il projetait sa perversité morale sur moi. Les insultes s'accompagnaient parfois de violence physique : un oreiller pressé contre mon visage (Julian m'aurait-il étouffée si je ne m'étais pas vigoureusement défendue ?), un coup de poing, de tête même une fois, qui me laissa KO pendant un temps indéfini, des coups de coude ou de pied. Il ne s'excusait jamais, soucieux de ne pas égratigner l'image fantasmée et ultrapositive qu'il s'était forgée de lui-même, mais il exigeait des excuses. Il lui fallait à tout prix s'absoudre, s'innocenter, ressortir blanc et sans souillure de nos conflits, et me faire porter la responsabilité de ses propres actes. Par principe, je m'y refusais, car m'excuser aurait signifié me laisser envelopper dans le brouillard de sa folie – me perdre avec lui. On aurait d'ailleurs dit que Julian souffrait d'amnésie car, quelques minutes après ses violences, il insistait pour me prendre dans ses bras et m'embrasser. Je le repoussais, mais il considérait mes résistances comme des enfantillages.

Le pire était sa jalousie, une jalousie d'un genre nouveau, qui portait déjà en germes ses futures tentatives d'aliénation parentale : Julian n'était pas jaloux du bébé comme nombre de nouveaux pères qui se sentent supplantés par leur bébé, il ne supportait pas que je passe plus de temps que lui avec Gwendolyn et agissait comme s'il cherchait à me déposséder de mes prérogatives de mère. Lorsque Gwendolyn pleurait la nuit, il se ruait dans sa chambre pour être le premier à lui apporter les soins dont elle avait besoin et jouait du coude pour m'empêcher de la prendre dans mes bras. Parfois, pourtant, il restait au lit lorsqu'elle pleurait, mais dès qu'il sentait que j'étais sur le point de me lever pour aller dans la chambre de Gwendolyn, il fondait sur elle comme un oiseau de proie et la berçait en chantonnant une de ses chansons. Il interrompait nos bains et nos jeux en criant que c'était à son tour de passer du temps avec sa fille. On aurait dit que nous étions en compétition, comme s'il rivalisait avec moi pour attirer l'attention de Gwendolyn et cherchait à me supplanter à ses yeux. Même les séances d'allaitement semblaient le perturber. Une scène, particulièrement sinistre, me bouleversa plus qu'aucune autre.

« Maman ! Gwendolyn a soif ! Elle veut téter ! Viens vite ! Maman ! », cria Julian d'une voix joyeuse alors que je me préparais dans la salle de bains.

J'accourus dans le couloir où Julian m'attendait avec elle, mais alors que je m'apprêtais à la prendre dans mes bras, il recula et déclara d'une voix autoritaire qui tranchait avec son ton joyeux quelques minutes auparavant : « Elle n'a pas besoin de téter maintenant. Elle vient de téter il y a à peine dix minutes ! »

Je le regardai, interloquée. La petite continuait de pleurer en tendant frénétiquement ses petits bras vers moi, mais son père avait changé d'avis. Il s'éloigna rapidement, tentant en vain de la calmer avec une chanson douce : « *You are my sunshine, my only sunshine. You make me happy when skies are gray ! You'll never know, dear, how much I love you. Please don't take my sunshine away…* »

Gwendolyn pleura encore plus fort.

« Allez, il est l'heure de faire dodo. Gwendolyn va faire dodo maintenant. Allez, sois sage, tu as déjà bu ton lait. Tu n'en as pas besoin maintenant. »

J'étais sous le choc. L'allaitement était une affaire entre elle et moi, cela n'avait rien à voir avec lui. Et puis ses cris prouvaient qu'elle n'avait pas envie de dormir.

« Mais qu'est-ce qui te prend ? Donne-la-moi tout de suite ! Je veux l'allaiter maintenant. Tu m'appelles pour l'allaiter puis tu changes d'avis ! Tu as vraiment un problème ! »

Julian fit demi-tour et, me poussant brutalement contre le mur du couloir, il se dirigea vers son studio : « Je sais ce dont elle a besoin. Je suis son père. Je te la rendrai dans une heure ! » Il entra dans son studio et ferma la porte à clef. La petite poussa des cris de plus en plus stridents. Décontenancée, je m'écroulai sur le parquet.

La vérité s'imposa alors violemment à moi : Julian désirait être le seul objet d'attention de notre bébé. Un objet de fascination même, au même titre qu'elle était le sien. Et dans cette triade familiale infernale, j'étais de trop.

6

La promesse de Julian

Lorsque Julian avait emménagé dans mon appartement, il ne possédait rien, à part son violon, sa guitare et son matériel d'enregistrement musical. Mais il était l'orgueilleux propriétaire d'une collection de couteaux de chef Güde. « Cinq couteaux professionnels, en acier inoxydable, selon les meilleures traditions des samouraïs japonais », m'avait-il expliqué en les installant adroitement un à un dans leur bloc en bois sur le plan de travail de ma cuisine. Il y avait même une feuille de boucher professionnelle capable « de débiter les carcasses des petites et grandes bêtes », un objet dont je ne comprenais pas l'utilité. Et je me souviens encore de ma perplexité, de mes craintes inavouées, face à ces objets tranchants dans mon univers empreint de douceur.

Après deux ans de vie commune, mes craintes diffuses concernant les couteaux de Julian s'avérèrent fondées.

Avant que je ne dépose plainte contre lui pour violences physiques, je souffrais de graves insomnies, en proie à des doutes terribles sur la personnalité de Julian et notre avenir en tant que parents. Je me réveillais toutes les nuits vers 3 heures alors que Julian et Gwendolyn dormaient paisiblement. Je me levais alors pour aller boire une tasse de lait chaud dans la cuisine et lire quelques pages d'un magazine. Mais ce que je découvrais épisodiquement dans la cuisine me saisissait d'effroi. Un des couteaux de Julian trônait sur le plan de travail, comme posé en évidence. Paralysée, incapable d'avancer, je restais de longues minutes sans oser bouger puis, finalement, tremblante, je le replaçais dans le bloc avec les autres et je retournais me coucher, trop angoissée pour retrouver le sommeil. Pendant de longues semaines, je me refusais à accepter l'évidence, d'autant que Julian prenait soin d'espacer dans le temps ses mises en scène. Mon mari, le père de Gwendolyn, ne pouvait pas l'avoir posé là à dessein pour me tourmenter, c'était trop fou. Mais un jour, l'évidence s'imposa enfin à moi, et ce fut comme si le brouillard se dissipait d'un seul coup. Ce couteau avait été posé là intentionnellement par Julian, il n'y avait pas de doutes possibles puisqu'il se couchait toujours après moi et que le couteau ne s'y trouvait pas lorsque je quittais la cuisine pour aller dormir. Je mis alors fin à mes excursions nocturnes dans la cuisine. Ce couteau représentait une menace très claire, la preuve de la dangerosité de Julian. De sa perversité aussi : il essayait de me rendre folle. Sous le masque du chanteur humaniste et militant de la non-violence se cachait un homme méprisable et retors qui semblait prêt à tout pour m'anéantir. Cette prise de conscience fit de moi une autre femme, une sorte de loque, obsédée par une pensée. Comment protéger mon bébé alors que j'étais tétanisée par la peur ?

Moins Julian se produisait sur les scènes musicales, plus ses déclarations sur lui-même étaient grandioses : il affirmait être un chanteur acclamé internationalement, le Bob Dylan, le Bob Marley de sa génération. La paternité avait-elle déclenché une sorte de syndrome messianique chez lui ? Je l'ignore. Il affirmait parfois aux rares journalistes qui l'interviewaient qu'il avait prévu les guerres du Golfe et les attentats du 11 septembre 2001. Ses prouesses, toujours fort nombreuses, variaient en fonction de son interlocuteur, car sa réalité était à géométrie variable.

Un soir, nous nous disputâmes plus que de raison. Il me poussa contre le mur du couloir et je perdis l'équilibre, ma tête heurtant violemment la cloison. Julian quitta immédiatement l'appartement. Le lendemain matin, deux policiers venus pour régler une affaire de violence conjugale sortaient de mon immeuble. Je leur expliquais que j'étais moi aussi concernée par ce problème. « Alors, il faut aller au commissariat : il y a un expert en violences conjugales qui pourra vous aider », me répondit l'un deux. Sans réfléchir, totalement à bout, je suivis leur conseil. À la fin de notre échange, l'inspecteur m'annonça qu'il fallait lancer un mandat d'arrêt contre Julian dans les États de New York, du New Jersey et du Connecticut afin qu'il soit placé en garde à vue pendant au moins une nuit au commissariat. J'étais horrifiée, mais l'inspecteur poursuivit sans se soucier de mes objections: «La nouvelle loi de New York relative à la violence conjugale stipule que l'agresseur doit être placé en garde à vue, des policiers l'accompagneront chez lui pour lui permettre de récupérer les affaires dont il aura besoin derrière les barreaux, et il devra déménager toutes ses affaires de la résidence maritale. Vous allez devoir remplacer votre serrure et obtenir une ordonnance de non-communication contre lui afin de vous protéger de toute vengeance de sa part. Surtout, ne lui dites pas qu'il va être arrêté car cela pourrait mettre la vie de votre fille en danger et les services sociaux seraient alors autorisés à vous l'enlever. Des charges pénales pèsent sur lui à partir de maintenant, que vous l'acceptiez ou non.»

Les flics de New York, qui avaient la réputation d'être encore plus dangereux que leurs criminels, me terrorisaient – ce type avait dit que les services sociaux pouvaient m'enlever mon enfant si je ne lui obéissais pas – et j'étais totalement affolée à l'idée de me retrouver devant Julian. Apprenant qu'il était recherché, Julian se rendit à la police et fut rapidement placé en garde à vue pendant une nuit. Mais avant cela, il était repassé par la maison. Quand je retournai chez nous, accompagnée de Gwendolyn, mon cœur battait la chamade. J'avais un mauvais pressentiment et j'avais raison: vêtements jetés sur le parquet du couloir, cartes de tarot soigneusement éparpillées entre les vêtements – la Mort et son faucheur, le Pendu, la Roue de Fortune, le Jugement, la Justice... Chancelante, je continuai d'avancer vers le salon. Posée sur un fauteuil, une photo de nous deux dont le verre et le cadre avaient été brisés, un bout de papier et une carte à jouer. Je me baissai pour ramasser le papier. Trois mots à l'encre noire : « *YOU WILL REGRET IT* » (« Tu le regretteras »). Illustrant la carte du joker, le Fou aux habits multicolores, coiffé d'un chapeau à grelots, me faisait face. Je poussai la porte entrouverte de mon bureau. Julian avait fait table rase des documents que j'y avais soigneusement posés – ils jonchaient maintenant le sol. Deux objets menaçants y avaient été mis là en évidence. Une enveloppe non ouverte de l'hôpital Columbia-Presbyterian avec l'en-tête « Women in danger » (Femmes en danger) et un minuscule poing fermé en bois verni d'où émergeait, entre le majeur et l'annulaire, une lame métallique. Je savais que Julian me faisait là une promesse funeste.

Julian dégaina immédiatement en faisant appel à un éminent avocat pénaliste de Manhattan, Jeffrey Roth. Effrayée par le système judiciaire américain, j'engageai une avocate française, Danièle, vaguement recommandée par une collègue de travail, qui me demanda immédiatement une provision de 10 000 dollars. Elle m'assura que c'était une somme modique, une provision qu'il faudrait sans doute compléter « compte tenu de la personnalité difficile de Julian». Hélas pour moi, elle tomba malade et transmit rapidement le dossier à son assistante, Cindy. Hyperagressif, Jeffrey Roth, un type dégingandé dont le visage poupon contrastait avec le sourire sardonique, obtint rapidement la levée des poursuites pénales en échange d'une mise à l'épreuve d'un an et d'une interdiction de remettre les pieds dans mon appartement pendant les six prochains mois. Julian demanda l'autorité parentale exclusive au motif que j'étais «folle» et qu'il était inquiet pour la sécurité de la petite car j'avais selon lui l'intention de me suicider.

Les juges américains – qui se disent résolument tournés vers le «progrès» social, c'est-à-dire la répartition équitable de la tâche éducative entre les deux parents – ne semblent pas soupçonner qu'un mari violent puisse être aussi un père violent. Ils se soucient de l'âge tendre comme d'une guigne et confient sans aucun état d'âme des nourrissons âgés de quelques mois à des pères parfois trop zélés qui rêvent de jouer les mamans. Je n'avais jamais vu Julian violenter notre enfant et je ne souhaitais pas mentir. Julian obtint donc des droits de visite étendus : deux week-ends par mois du vendredi après l'école jusqu'au lundi matin et, les semaines où il n'avait pas de visites les week-ends, le lundi et le mardi toute la journée ainsi que deux jeudis par mois pour le dîner. Un emploi du temps particulièrement inadapté pour une enfant de 2 ans à peine. Dix-huit jours par mois chez moi seulement. Les vacances et jours fériés étaient soigneusement partagés selon que les années étaient paires ou impaires. La convention de garde prévoyait en outre que chacun des parents puisse parler à Gwendolyn au téléphone une fois par jour lorsqu'elle se trouvait chez l'autre parent. Julian avait une voiture, mais il insista pour que nous nous partagions les transports à 50/50. Peu lui importait que la petite soit épuisée par un trajet de métro qui durait une heure et demie, alors qu'il ne lui fallait qu'une demi-heure en voiture. Je me battis pour pouvoir emmener Gwendolyn un mois en France chaque année, malgré les objurgations de Julian qui affirmait que j'allais en profiter pour la kidnapper parce que « la France est un pays dont il est impossible de récupérer un enfant enlevé par sa mère ». Grossière affabulation : la France ayant ratifié et signé la convention de La Haye sur les enlèvements internationaux, les autorités mettraient tout en œuvre pour retrouver l'enfant et le ramener aux États-Unis illico presto tandis que je serais passible de plusieurs années de prison.

À la signature de l'accord de garde, je pressentis que je commettais une erreur monumentale en acceptant de livrer mon bébé à un père aussi inquiétant. Une angoisse inexorable m'oppressait. Les menaces masquées de Julian à mon encontre et son obsession vis-à-vis de sa fille me troublaient. J'étais d'une certaine manière « débarrassée » de Julian, mais je ne parvenais pas à me résigner à lui livrer mon bébé. J'avais l'impression de l'abandonner, de la sacrifier, en échange de ma liberté. Et la culpabilité décuplait mon inquiétude. Les scènes que fit Gwendolyn pour ne pas aller chez lui durant les trois années suivantes me confirmèrent que j'avais raison.

J'étais obligée de me livrer à toutes sortes de subterfuges pour contraindre Gwendolyn à se rendre chez son père. Sa détresse me brisait le cœur. Gwendolyn se mettait dans des colères noires et tempêtait : « NON ! Pas papa ! Pas papa ! Je veux pas aller chez daddy ! Il y a un loup chez daddy ! » Un jour, désespérée, Gwendolyn se cacha sous le lit et refusa d'en sortir. Accroupie sur le sol, je la tirai vers moi, mais elle s'accrocha au pied du lit de toutes ses forces en poussant des cris stridents.

– Allez, Gwendolyn. Il faut y aller… Sors d'ici.

Elle refusa obstinément de sortir. Je lui tendis alors son doudou. Candide, elle le saisit de ses deux bras, et je profitai de ce moment pour la hisser promptement vers moi. Comprenant que je l'avais trompée, ses cris redoublèrent. Je la serrai dans mes bras, tentant de la réconforter, mais elle était prise de pleurs convulsifs et répétait « Papapa » en hoquetant.

– Allons, mon trésor. Il faut y aller. Il faut s'habiller maintenant, dis-je d'une voix aussi douce que possible en la couvrant de baisers, luttant moi-même contre les larmes.

Mais Gwendolyn refusa de s'habiller. Furieuse, elle me regardait fixement, les yeux rougis, le visage gonflé par les pleurs ; je n'en menais pas large. Fallait-il appeler Julian pour lui opposer une fin de non-recevoir ? Le téléphone sonna. C'était lui.

– Qu'est-ce qui se passe ? Ça fait vingt minutes que j'attends. Si tu ne descends pas tout de suite, j'appelle mon avocat et je lui demande de saisir le juge pour non-présentation d'enfant.

– Julian, je suis désolée... Gwendolyn refuse de se laisser habiller... Elle ne veut vraiment pas descendre.

– C'est toi qui ne sais pas y faire. Elle me fait exactement les mêmes scènes quand il s'agit de retourner chez toi. Mais moi, j'y arrive toujours. Tu n'as qu'à la descendre toute nue avec ses habits dans un sac. Avec moi, elle se laissera habiller !

Je restai bouche bée. Bien sûr que Gwendolyn ne lui faisait pas les mêmes scènes puisqu'elle me suppliait de venir la chercher au téléphone. Pendant de longues minutes, je berçai tendrement mon enfant en lui chantant sa berceuse préférée. Gwendolyn finit par se calmer, je parvins à l'habiller, mais dès qu'elle s'aperçut que nous allions retrouver son père, elle se remit à hurler « Papapa ! » Debout dans le couloir, Julian accueillit sa fille en larmes avec une joie qui finit de me décontenancer : « Hey Boubou, tu es contente de voir ton daddy ? » Les cris de Gwendolyn redoublèrent de fureur, mais on eût dit que Julian tentait de les couvrir avec son rire sonore. « Allez, Boubou, ne fais pas d'espiègleries. Tu sais que tu t'amuses toujours bien chez daddy ! » Julian la prit dans ses bras et la souleva soudain dans les airs en riant. Plus rouge que jamais, Gwendolyn continuait de s'époumoner. Je fis un mouvement vers elle, tentant de la prendre à mon tour, mais Julian me repoussa durement du coude, s'éloignant rapidement avec l'enfant sans mot dire. La souffrance de Gwendolyn me bouleversait, mais la dissonance entre ses émotions et celles de son père me terrifiait bien plus. Les hurlements de ma fille résonnaient dans ma tête comme des coups de poing. Je dus m'asseoir pendant de longues minutes sur une des marches de l'escalier. J'appelai Gwendolyn le soir même, comme le stipulait l'accord de garde. Celle-ci, calmée, me parla posément, et exprima clairement son souhait : « Viens me chercher, maman, il y a un loup chez daddy. Je veux que tu restes chez daddy avec moi ou que tu viennes me chercher. J'ai besoin de toi, maman !... » J'étais sur le point de répondre, mais la voix de Julian m'en empêcha : « Je sais, Gwendolyn, que tu as besoin de papa. Ne t'inquiète pas, papa est là pour toi. » Je le suppliai : « Julian, c'est de moi dont elle a besoin en ce moment... » Mais Julian se mit à hurler dans le téléphone : « Tu as entendu ce qu'a dit Gwendolyn ? Elle a dit "Viens me chercher avec daddy !" C'est de moi dont elle a besoin, pas de toi. C'est toi qui déformes la réalité ! » Cet échange me glaça. Julian était vraiment cinglé. Et je lui avais livré mon bébé tel un agneau que l'on sacrifie.

Gwendolyn souffrait d'une angoisse de la séparation, qui se manifestait notamment par le besoin de tenir mes cheveux dans sa main lorsqu'elle s'endormait ou était fatiguée. Bébé déjà, lorsque je l'allaitais, elle tirait un de mes cheveux, l'entourait autour de son pouce, et s'en trouvait aussitôt apaisée. Au fil du temps, elle se mit à cacher mes cheveux roulés en boule sous son oreiller après les avoir enlevés de ma brosse à cheveux. On aurait dit que, comme ceux de Raiponce, mes cheveux avaient un pouvoir magique : celui de calmer les angoisses de Gwendolyn. Pour emporter ce trésor, ce fragment de moi, chez son père, elle déployait des trésors d'imagination. Elle les cachait dans ses poches, les vêtements de ses poupées, dans ses chaussettes. Mais Julian était vigilant, il les trouvait toujours. Et son avocat s'en donnait à cœur joie, il appela Cindy à de multiples reprises : « Seule une mère complètement folle donne ses cheveux à manger à son enfant. Elle tente ainsi de promouvoir une dépendance malsaine entre elle et sa fille, mais mon client n'est pas dupe, c'est de l'aliénation parentale ! » Cindy me somma alors de mettre fin à cette « pratique insensée » qui accréditait décidément la thèse du SAP.

Un jour, Gwendolyn revint d'une visite en me disant qu'elle avait décidé de me désobéir et d'arrêter de manger mes cheveux. J'étais ébranlée. Julian manipulait-il Gwendolyn pour l'éloigner de moi ou croyait-il vraiment que je lui donnais mes cheveux à manger ? Le résultat était le même. Julian tentait de lui imposer une autre réalité et je craignais pour l'équilibre mental de ma fille. Comment allait-elle faire siennes deux réalités si différentes ?

Julian ne reculait devant rien pour m'éloigner de Gwendolyn. Lorsqu'elle était chez lui, je l'appelais quotidiennement afin de savoir comment elle allait. Je fus surprise de constater que, pendant une courte période, Gwendolyn refusait de me parler au téléphone. Julian s'adressait à elle de sa voix sonore : « *Come on,*

Gwendolyn ! Pourquoi ne veux-tu pas parler à maman ? Maman va être triste de ne pas pouvoir te parler ! » Comme elle refusait toujours de dialoguer avec moi, Julian me dit alors d'une voix faussement triste : « Je suis désolé. Je ne sais pas pourquoi elle ne veut pas te parler, mais il faut dire qu'elle s'amuse tellement bien avec moi ! » J'entendis son rire sonore, glaçant, puis il raccrocha brutalement. J'étais bouleversée. Je ne voulais pas en parler à Gwendolyn, mais un matin où je la déposais à l'école, elle me demanda de lui téléphoner le soir et ajouta : « Je te parlerai ce soir, maman. Je choisirai pas le bonbon de daddy. Daddy m'a dit que j'aurais le bonbon si je te parle pas. » Cette déclaration me coupa les jambes. Seul un fou pouvait exiger cela de sa fille. Je restais confondue face à un tel machiavélisme, mais j'étais surtout anéantie par une telle inconscience face à l'équilibre psychologique de son enfant. Jusqu'où Julian était-il prêt à aller pour en découdre avec moi ?

7

Une mère à abattre

Il y avait dans l'attitude obsessionnelle de Julian vis-à-vis de sa fille, dans son déni de la réalité lorsqu'il s'agissait d'elle, quelque chose de malsain. La nounou de Gwendolyn, Marie, une Nigériane expérimentée et perspicace de 43 ans, qui aimait Gwendolyn comme son propre enfant, trouvait elle aussi l'attitude de Julian inquiétante. « Cela fait vingt ans que je m'occupe d'enfants, mais je n'ai jamais rencontré un père comme ça. C'est comme si Julian ne pouvait pas vivre sans sa fille, comme si Gwendolyn était toute sa vie », me confia-t-elle un jour, angoissée. Un jour, Gwendolyn posa son bébé, Happy Baby, sur mes genoux et me regarda d'un air grave : « Happy Baby est pas vraiment heureux, maman. Il faut pas l'appeler Happy Baby. Happy Baby a un méchant daddy. Tous mes bébés ont un méchant daddy, un daddy sorcière. »

Je respirai profondément. Ne savais-je pas déjà, depuis le début même, que le père de Gwendolyn était cinglé et que je n'aurais jamais dû signer cet accord de garde ?

– Mais pourquoi ?

– Leur daddy leur fait mal. Il met son doigt dans leur lune et il leur fait mal…

Je baissai les yeux vers Happy Baby, qui gisait sur mes genoux, les bras ballants, la tête en arrière dans le vide. Entièrement nu. Le majeur de Gwendolyn était posé entre ses jambes et semblait vouloir s'introduire en lui à tout prix. Le regard de Gwendolyn était sombre et grave. Ce n'était pas le regard d'une enfant de 3 ans. Je me mis à chanceler. Lentement, comme un bateau qui sombre.

Il me fallut plusieurs heures pour me relever. Dans un état second, je téléphonai à Cindy, qui accueillit avec agacement mes explications entortillées et me conseilla de ne rien faire dans l'immédiat de crainte de perdre la garde. Je raccrochai, écœurée, puis retrouvai les coordonnées d'une spécialiste des violences conjugales qui m'avait été recommandée par la sœur d'une amie. Patricia me répondit immédiatement et me demanda de l'appeler « Pat ». Plus expérimentée que Cindy, elle m'expliqua que les juges détestaient ces affaires d'inceste, mais que si je tenais vraiment à aller jusqu'au bout, je devais commencer par emmener Gwendolyn aux urgences puis demander à la juge de consentir à une expertise psychiatrique afin de mettre au jour les problèmes psychologiques de son père.

La pédiatre de l'hôpital qui ausculta Gwendolyn nous apprit qu'elle n'avait ni marque ni lésion, ce qui ne plaisait décidément pas à Pat. « Sans trace physique, on ne peut rien prouver. À moins que l'expertise psychiatrique ne décèle une pathologie suffisamment grave, il y a peu d'espoir de prouver quoi que ce soit, car personne ne prendra en compte la parole d'une enfant si jeune et si suggestible. Peu d'espoir donc d'obtenir les visites médiatisées. C'est très risqué car si le juge pense que la mère fait des fausses accusations, il peut attribuer la garde au père. Nous avons déjà travaillé avec une excellente experte qui a fait du bon travail pour nous. Je vais lui demander si elle accepte de vous évaluer. »

Je rencontrai Pat le lendemain après-midi dans son cabinet du sud de Manhattan. Jolie et très charismatique, elle avait une cinquantaine d'années. Elle était bien connue des tribunaux, et, bien sûr, ses honoraires étaient conformes à sa réputation. Elle m'expliqua immédiatement qu'elle ne pouvait commencer son travail sans une provision de 15 000 dollars. Elle obtint une audience en référé auprès d'une juge de la cour suprême de Manhattan qui accepta de diligenter une expertise psychiatrique d'urgence et permit à Gwendolyn de commencer une thérapie avec une psychologue pour enfants.

De cette rencontre avec la juge, je n'ai conservé qu'un seul souvenir : celui d'un Julian, comme à son habitude très à l'aise, qui souriait à la ronde, à Jeffrey Roth, à Pat, à la juge, comme si tout cela était une sombre fumisterie dont il anticipait l'heureux dénouement.

Des visites médiatisées, assurées par la nounou, Mary, que Gwendolyn considérait comme sa « deuxième maman », furent ordonnées pendant le temps de l'expertise (qui devait durer environ trois mois), de 9 heures jusqu'à 18 heures chez Julian trois à quatre jours par semaine. Lorsque je demandais à Pat pourquoi les visites étaient si longues, elle me répondit que c'était pour « dédommager Julian de la perte de ses visites nocturnes ». Pat avait choisi une psychologue, une certaine Kathleen McCaine, pour évaluer l'état mental de Julian et le mien.

J'étais sceptique. Cette expertise allait coûter 10 000 dollars, soit 5 000 dollars chacun, un « petit prix » par rapport aux tarifs pratiqués par les experts les plus réputés de Manhattan qui variaient entre 30 000 et 40 000 dollars. L'experte allait-elle être capable de voir que derrière le masque du gentil daddy se cachait le « Bad Dad » de Gwendolyn ? Pat semblait en être convaincue, mais elle me répétait que McCaine devait y parvenir sans la moindre contribution de ma part : « L'experte veut savoir quel genre de parent tu es. C'est tout. Elle ne veut pas savoir pourquoi tu penses que Julian est un mauvais père. Elle veut plutôt savoir pourquoi, toi, tu es une bonne mère. Contente-toi de parler des aspects positifs de ta relation avec l'enfant. En ne disant rien de négatif sur le père, tu lui montres que tu ne fais pas d'aliénation parentale, et c'est ce qui compte. »

Quelque chose ne collait pas. Il fallait que je prouve à l'experte que je n'aliénais pas mon enfant comme si cette présomption pesait d'emblée sur moi. Comment diable l'experte allait-elle découvrir qui était Julian si je ne lui disais rien ? Le charme intrinsèque de Julian, ses pouvoirs de persuasion hors du commun n'allaient-ils pas jouer contre moi ? Julian était un *con artist*, comme disent les Américains, un « artiste de l'escroquerie », qui aurait pu vendre un frigo à un Esquimau. Après une heure de préparation aux entretiens avec l'experte, Pat se déclara satisfaite. Je n'avais jamais perdu mon sang-froid et j'avais l'air sincère, mais surtout, je n'avais jamais évoqué la violence de Julian.

Je vis tout de suite que je ne plaisais pas à McCaine. C'était réciproque. Très froide, le visage entouré d'une tignasse châtaine rebelle, elle avait un physique ingrat sur lequel le charme de Julian opérerait sans difficulté. McCaine me scrutait longuement derrière ses lunettes à verres épais pendant que je lui racontais mon enfance, ma scolarité, mes premières amours, la vie avec Julian. Elle finit par mesurer mon quotient intellectuel – comme si le degré d'intelligence avait une incidence sur les compétences parentales. Pendant ce temps, son chien, confortablement allongé sur le canapé en cuir brun, aboyait incessamment. Elle feignait de l'ignorer.

Elle se montra tellement acerbe aux deux dernières séances que je compris qu'elle avait rencontré Julian dans l'intervalle. D'ailleurs, elle semblait avoir de l'empathie pour Julian. Pourtant, je ne pus m'empêcher de mentionner mes craintes pour Gwendolyn, la violence de Julian, ses « projections ». Elle m'interrompit sèchement : « Vous n'avez pas à employer des termes aussi techniques. C'est à moi de déterminer s'il y a lieu de les employer. » Elle se leva alors immédiatement pour me signifier que la séance était terminée. Je n'eus jamais l'occasion de lui parler des menaces à peine voilées de Julian, de ses mises en scène dans notre appartement. Elle ne rencontra jamais Gwendolyn.

Je pressentais que le rapport d'expertise me serait défavorable, mais ce que l'experte écrivit fut pire que tout ce que j'avais pu imaginer. J'avais l'impression d'halluciner en le lisant. On aurait dit que Julian le lui avait dicté tant il fourmillait de projections et tant elle semblait avoir entièrement adopté son point de vue. Elle l'absolvait de toute violence, mais elle mentionnait mes « sautes d'humeur », mes « interprétations erronées de la réalité », mes « délires », ma « rigidité », mon « histrionisme ». C'était inimaginable, tous les défauts de Julian y figuraient, mais c'est à moi qu'ils étaient attribués. Le SAP n'était jamais nommé, mais il apparaissait en filigrane. Je recopiais à la hâte, malgré les injonctions de mes avocates, les extraits les plus ahurissants :

« La capacité de Mme Bréhat à réguler ses humeurs est extrêmement limitée. On note en outre une absence totale de volonté de faire un examen de conscience.
« Pendant l'évaluation, sa tendance à déformer la réalité, à mal interpréter m'est apparue évidente. Il m'a

fallu répéter ou concrétiser mes requêtes car soit elle ne comprenait pas, soit elle déformait, soit elle interprétait de manière erronée ce que j'avais dit. Elle ne savait même pas pourquoi elle était là. J'ai dû lui rappeler plusieurs fois qu'elle était venue pour une évaluation, pas une thérapie. Sa tendance à faire des interprétations erronées laisse planer un doute sur sa position professionnelle. Son anxiété extrême concernant l'enfant me fait craindre qu'elle ne cause un trouble de l'attachement entre la mère et l'enfant. Le fait qu'elle donne ses cheveux à manger à l'enfant montre qu'elle souhaite favoriser une dépendance anormale et malsaine entre elle et l'enfant, un attachement "inapproprié" de l'enfant envers sa mère.

« C'est une femme très nerveuse et fragile, qui semble déterminée à exclure le père de la vie de l'enfant. Je ne sais pas si elle pense que les violences ont vraiment eu lieu ou si elle dit cela pour ramener l'enfant en France. Mme Bréhat m'est apparue enfantine à certains égards, et a semblé feindre la douleur concernant l'enfant. Ses manifestations émotionnelles étaient tout à fait théâtrales et exagérées.

« Je pense que, dans le meilleur des cas, Mme Bréhat a enjolivé ou exagéré certaines expériences avec M. Jones. Dans le pire des cas, elle les a inventées de toutes pièces pour le vilipender et faire croire qu'il était violent afin d'aller s'installer en France avec l'enfant. Il est probable que Mme Bréhat conditionne l'enfant pour qu'elle fasse les mêmes allégations. Ses symptômes cachent peut-être

une pathologie plus grave, telle qu'une pensée délirante. M. Jones est un père aimant, au comportement approprié et très attaché à l'enfant. Je ne vois aucune objection à ce qu'il s'occupe de Gwendolyn.»

Elle répétait en outre les mensonges que j'avais déjà entendu Julian égrener sans les mettre le moins du monde en doute :

«*M. Jones, artiste et militant des droits de l'homme, est un homme célèbre qui était l'ami d'Allen Ginsberg. Il est issu d'une famille unie qui n'a jamais connu de conflits, et dirige actuellement sa propre entreprise de rénovations pour préserver l'environnement ; M. Jones était la figure d'attachement primaire pendant la première année de l'enfant. Lorsque je le lui ai demandé, Mme Bréhat n'a jamais été en mesure de donner des exemples de violences graves. Il m'a semblé qu'elle avait exagéré la gravité des faits pour incriminer son mari. Elle semblait rigide, appelait l'enfant "my baby" comme s'il n'appartenait qu'à elle, voulait partir en France avant que son mari ait son diplôme en poche. Lorsqu'il est avec les parents de Mme Bréhat, M. Jones se sent ostracisé. Il est tenu à l'écart des conversations avec sa famille.*»

C'était à devenir folle. L'experte semblait avoir été subjuguée par Julian. Probablement éblouie par son intelligence car ses tests de QI avaient révélé des aptitudes très supérieures à la moyenne. Quant à moi, j'avais une intelligence légèrement supérieure à la moyenne. L'experte achevait sa diatribe en me recommandant de prendre des anxiolytiques pour « mettre fin à mon anxiété ».

Pat était sous le choc. Elle semblait terrorisée par les accusations implicites d'aliénation parentale de l'experte et celles, plus directes, de l'avocat de Julian, et me demanda de faire preuve de mansuétude afin de rentrer dans les bonnes grâces du juge car j'étais maintenant en position de faiblesse. Je dus me résigner à signer un nouvel accord à l'amiable octroyant deux jours de visites mensuelles supplémentaires à Julian (la nuit des deux jeudis où il dînait avec elle). Je n'avais pas le choix selon Pat, qui me répétait qu'il valait mieux perdre deux jours que la garde. « Il serait très risqué de demander une contre-expertise, le juge risque de penser que vous avez tout inventé, et manipulé l'enfant, il donnera la garde exclusive à Julian. Vous avez la chance que Julian n'ait pas versé les dernières pensions et qu'il ne veuille pas continuer à les verser. Il accepte de retirer sa demande d'autorité exclusive si vous acceptez d'effacer ses dettes et de ne pas demander de pension. Ne prenez pas le risque de tout perdre. »

J'acceptai donc de lui laisser Gwendolyn ces deux jours supplémentaires par mois en échange de l'annulation des arriérés de pension alimentaire et d'une réévaluation de cette dernière à 25 dollars par mois seulement. Nous nous mîmes aussi d'accord sur le choix d'une thérapeute chargée de soulager l'enfant des angoisses liées au divorce, le docteur Victoria Richt. La juge nomma en outre un « coordonnateur parental », David Mussari, chargé de trancher les litiges entre les parents liés à la religion, l'école et la santé de Gwendolyn (pour 350 dollars de l'heure).

8

Dans la toile d'araignée

Je me dis souvent que je dois ma survie à la mer. C'est elle qui m'a portée toutes ces années, malgré l'éloignement, et c'est elle qui me consolait lorsque je la retrouvais enfin après les assauts incessants de Julian. J'avais l'impression de renaître à la vie dès que je sentais son souffle vivifiant sur moi. Je disparaissais en elle, et c'était comme si, en recouvrant chaque particule de ma peau, centimètre après centimètre, elle effaçait mon passé et ses douleurs, nettoyait mes blessures consciencieusement, m'allégeait et m'apaisait. Je lui livrais mon fardeau et elle l'acceptait avec le même dévouement qu'une mère.

Avec son cimetière marin et sa petite chapelle du XVIIe siècle surplombant crânement le rivage, la baie de Saint-Michel-en-Grève me paraissait être un endroit au bord du temps. Le monde se résumait au flux et au reflux marins, et cela me convenait. Gwendolyn et moi aimions nous promener sur les sentiers le long des falaises rocheuses au milieu des ajoncs et des bruyères. Nous descendions prudemment les sentiers à pic et, pendant que je me baignais dans de petites criques isolées, Gwendolyn ramassait des coquillages, tout en m'observant attentivement, consciente des avertissements des habitants : « Il faut faire attention car la mer monte à la vitesse d'un cheval au galop. » Elle se moquait souvent de mon besoin de m'enfouir dans le giron marin en toutes saisons, de faire corps avec la mer, mais elle devinait qu'il y avait là quelque chose de profond et d'irrépressible en lien avec notre histoire et ne me posait aucune question. C'est dans ce havre marin, là où la folie new-yorkaise nous semblait irréelle, que je décidai de nous installer à notre retour en France.

Parmi les souvenirs cruels qui me tourmentaient au quotidien, le rapport McCaine surgissait toujours, insubmersible. Ce rapport consacrait la toute-puissance de Julian sur Gwendolyn et sur les professionnels de la santé mentale, son invincibilité. J'appris plus tard qu'il l'avait toujours avec lui, dans la sacoche en cuir qu'il exhibait pompeusement dans les prétoires, et qu'il le mettait à la disposition de qui voulait bien s'y intéresser – et s'apitoyer sur son sort. Peu lui importait l'interdiction du juge qui nous avait expliqué que ce document, hautement confidentiel, devait rester entre les mains de nos avocats. Peu importait aussi à son avocat, Jeffrey Roth, qui s'était fait un plaisir de le lui remettre.

Ce rapport marqua pour moi une nouvelle prise de conscience. Je savais déjà que la folie destructrice de Julian n'épargnerait pas sa propre fille, mais ce rapport me faisait comprendre que Julian approchait du but qu'il s'était fixé. La vengeance, dont il m'avait prévenue avec la carte du joker laissée dans mon appartement avant son départ, consisterait à me priver de ma fille. Pour ce faire, il tirerait parti, à la première occasion, de son puissant appui.

Je perdais l'équilibre au sens propre comme au figuré, cherchant toujours derrière moi un mur, un appui. Je ne mangeais plus. La sensation d'oppression dans ma poitrine était constante. Je m'endormais en pleurs et je me réveillais en pleurs, en sueur aussi, avec des palpitations cardiaques. Obnubilée par Julian, je ne parvenais plus à me concentrer, je travaillais mal et j'étais sans cesse convoquée dans le bureau de mon chef devant qui je m'effondrai à de nombreuses reprises. Mon poste était en péril.

Le rapport McCaine marqua aussi pour moi le début d'une période de confusion mentale. McCaine avait décrit au détail près la personnalité de Julian, mieux que je n'aurais su le faire, mais c'est à moi qu'elle avait attribué tous ses travers. Les rôles, les identités et les culpabilités étaient inversés. Qui était la victime ? Qui était le bourreau ? Qui était le parent sain et protecteur ? Qui était le parent fusionnel et aliénant ? La « dépendance anormale et malsaine entre la mère et l'enfant » constatée par McCaine s'appliquait parfaitement à

Julian, mais c'est à moi que l'experte l'avait attribuée. J'avais l'impression de vivre un film noir, un thriller psychologique à la Hitchcock. Une victime innocente confrontée à un adversaire dérangé et pervers qui persuade tout le monde, même les experts, que la victime est cinglée. Julian cherchait à me faire perdre la raison pour démontrer au monde entier que c'était moi la folle. *Crazy-making*, comme disent les Anglo-Saxons. Je me mis donc à douter de moi-même, de mes souvenirs et de mes sensations, de mes perceptions, de mon vécu. Était-ce moi la folle, comme l'avait prétendu l'experte ? Se pouvait-il que je souffre réellement d'une pensée délirante et que j'eusse imaginé les confidences de Gwendolyn ? Je ne savais plus.

Lorsque Gwendolyn était absente, je me laissais aller au désarroi le plus total. Fébrile, j'errais dans l'appartement, je m'allongeais sur son lit, près de ses poupées, et j'avais parfois l'impression d'entendre ses appels déchirants : « Maman ! » La nuit, je faisais des cauchemars, qui mettaient en scène les couteaux de Julian et me terrifiaient. Un cauchemar revint en boucle pendant plusieurs semaines : Julian, déguisé en chasseur, accompagné d'une meute de chiens hurlants, me poursuivait. J'étais sa proie. Hors d'haleine, telle une bête traquée, je courais devant lui, empruntais les mauvaises routes, me heurtais à des obstacles, je tombais, essoufflée, me relevais, repartais, retombais, à bout de souffle. Derrière moi, Julian avançait lentement, souriant, sûr de lui, une besace sur le dos, un couteau de sa collection Güde à la main. Je me réveillais en hurlant lorsque je découvrais Gwendolyn, transformée en lapin, ensanglantée, dans sa besace. Plus je dégringolais, plus mes amis s'éloignaient de moi. Seuls mes parents restaient à mes côtés, inquiets mais rassurants, patients, m'appelant tous les jours, toujours prêts à prendre l'avion pour me soutenir. Ils vinrent me voir plusieurs fois à New York pendant ces années noires. Il le fallait car j'étais en survie.

Le coordonnateur parental, David Mussari, allait devenir l'un des alliés les plus zélés de Julian, prêt à se compromettre pour lui porter secours. Il fut sans doute l'un des premiers à lire le rapport McCaine. Avec lui, plus encore qu'avec quiconque, Julian déploya des trésors d'inventivité et de théâtralité pour incarner le père martyr persécuté par une mère folle et malfaisante. Gwendolyn avait 4 ans lorsque je rencontrai Mussari pour la première fois. Brun, la cinquantaine élégante, celui-ci nous reçut dans le salon de son appartement de Greenwich Village, qui lui servait également de salle d'attente, et commença par me demander une provision de 5 000 dollars. Il ne demanda rien à Julian, qui l'avait déjà payé lors des deux séances en tête à tête qu'ils avaient eues sans moi, mais qui me furent néanmoins facturées sans le moindre scrupule, comme le furent de nombreuses autres ensuite. Cindy me recommanda de payer les factures exorbitantes de Mussari pour ne pas me le mettre à dos car c'était un acteur clef du destin de ma petite fille.

Dès les premières séances, Julian sortit le grand jeu – celui du mari injustement accusé et traîné dans la boue, pleurant à chaudes larmes – et les deux hommes formèrent immédiatement un bloc. Mussari mentionnait fréquemment les « traumatismes » de Julian, mais il ne supportait pas que j'évoque les miens. Dans son esprit, les choses étaient claires : j'étais le bourreau, Julian la victime. Les séances se déroulaient toujours selon le même *modus operandi*. Accablé, Julian égrenait une litanie de mensonges et de requêtes basées sur ces inventions (modification de l'emploi du temps, contribution financière de ma part...). Mussari me regardait d'un air hostile, me faisait la leçon et me demandait d'obtempérer « pour le bien de l'enfant ».

Il se mit bientôt à me harceler. Dès que Julian voulait obtenir quelque chose, Mussari intervenait en sa faveur et m'expliquait que mon manque de coopération était nocif pour l'enfant et, d'une voix soudain menaçante, que le juge verrait cela d'un très mauvais œil. Mussari se targuait d'œuvrer pour le bien-être de Gwendolyn, mais il ne la rencontra jamais. Ces séances me traumatisaient. J'avais des bouffées d'angoisse à chaque fois que je devais me rendre chez lui ou que je recevais un e-mail de sa part.

Un dimanche soir, Julian me ramena Gwendolyn, après une semaine de vacances, et m'expliqua qu'il irait de nouveau la chercher à l'école le lendemain après-midi car « c'était de nouveau sa semaine ». Je refusai car je n'avais pas vu ma fille pendant sept jours, mais devant son insistance je me ravisai, de crainte de déclencher un nouveau conflit qui me ferait encourir les foudres du coordonnateur.

Le lendemain après-midi, Mussari me téléphona à mon travail et m'expliqua que Julian venait de recevoir un coup de téléphone de la directrice de l'école lui apprenant que Gwendolyn m'attendait en pleurant. Indigné, il me demanda pourquoi je n'étais pas allée la chercher comme convenu. Paniquée, je balbutiai d'une voix blanche que Julian avait décidé unilatéralement la veille que c'était de nouveau « sa semaine » et que c'était à lui d'aller la chercher. Mussari n'en crut mot, et raccrocha, manifestement exaspéré.

Le soir même, un e-mail de sa part me demandait de le rencontrer d'urgence le lendemain à 9 heures avec Julian pour parler de cette « fâcheuse rupture de communication particulièrement néfaste pour une enfant ». Épuisée après une nuit sans sommeil, je lui expliquai de nouveau que Julian m'avait demandé de ne pas aller chercher Gwendolyn, mais Julian me contra immédiatement d'un air offensé : « Bien sûr que non, je n'aurais jamais laissé Gwendolyn pleurer seule à l'école ! Il m'a fallu des heures pour la consoler et la persuader que tu ne l'avais pas fait exprès ! » Mussari regarda Julian avec compassion et me demanda d'être plus vigilante à l'avenir.

J'étais à la merci de Mussari dont je redoutais la vindicte. Pat décida de le contacter pour l'aviser que l'accord de garde était clair : seuls les litiges à caractère scolaire, religieux ou médical étaient de son ressort. Pourtant, Mussari refusa d'abdiquer. Son interprétation était différente : selon lui, la convention de garde lui donnait le droit de se mêler de tous les litiges dès lors qu'un parent le lui demandait. Cindy tenta alors de lui faire comprendre les choses autrement : ne trouvait-il pas choquant que Julian ne verse que 25 dollars de pension alimentaire à sa fille, alors que ses consultations incessantes avec le coordonnateur me forçaient à payer en moyenne 2 000 dollars par mois ? Mussari ne s'en offusquait pas. Il était devenu le premier couteau de Julian – McCaine étant sans doute le deuxième.

Plus je diminuais, plus Julian exultait, tel un vampire. Je m'étiolais, il s'épanouissait, et on me le décrivait comme plus séduisant que jamais. Je constatais en effet lorsque je le rencontrais à l'école ou chez Mussari qu'il avait minci, adopté un nouveau look, celui du bobo branché. Il semblait plus exalté que jamais, et arborait une mine de bienheureux. La vie semblait de nouveau lui sourire, et il se lançait dans des projets pharaoniques tels que le lancement d'une chaîne de télé – qui ne dura que quelques mois – et une tournée mondiale visant à diffuser la paix dans le monde. Il était partout : invité aux informations de 19 heures sur NBC pour parler de son dernier projet, une « plate-forme » musicale mondiale, en tant que militant de la paix sur Internet, chanteur et musicien dans certains clubs branchés de New York, récipiendaire d'un prix qui le récompensait pour son « travail pour la paix ». Il interprétait même une chanson en arabe, qui connut un certain succès dans les cercles arabo-américains et sur YouTube. Il était invité sur la scène de la cérémonie de récompense des objectifs du Millénaire pour le développement de l'ONU. Il était de toutes les sorties scolaires de la classe de Gwendolyn, et je le croisais souvent en train de refaire le monde à l'école avec d'autres parents, éblouis par son énergie militante, bluffés par sa « célébrité ».

Comment savais-je tout cela ? Je recevais ses newsletters mensuelles par e-mail. Je sollicitai ma désinscription une dizaine de fois, mais rien à faire : une main invisible me réinscrivait toujours. Julian s'arrangeait pour me faire partager sa joie, ses succès et sa gloire. J'avais parfois l'impression que ses « victoires » m'étaient principalement adressées.

Il m'avait trouvé une remplaçante. Alicha était une jolie Pakistanaise de 25 ans, ancienne étudiante en master de politique internationale avec lui à la New School of New York. Cadette d'une fratrie de trois filles, enfant gâtée, elle était la princesse adorée de son père, un ancien dignitaire du régime de Musharraf. Elle appartenait à une famille de musulmans « nouvelle vague » qui glorifiaient la réussite sociale et les signes extérieurs de richesse – clinquants de préférence – et incarnait tout ce que Julian disait autrefois réprouver, lui qui aimait à se qualifier de chanteur *hobo* (« vagabond »). Mais peu lui importait. Julian n'était pas à une contradiction près. Excellent joueur d'échecs, il avait forcément anticipé notre séparation. Sa liaison avait donc débuté avant.

Lorsque Gwendolyn eut 5 ans, Alicha déménagea de Washington où elle travaillait pour le FMI pour venir s'installer chez Julian. J'étais soulagée, espérant qu'avec Alicha, Julian aurait plus de difficultés à assouvir ses fantasmes incestueux sur Gwendolyn. Ma fille n'y faisait plus allusion et j'étais trop heureuse de pouvoir refouler ce souvenir. Gwendolyn, qui voyait Alicha deux week-ends par mois depuis quelques années, aimait bien la jeune femme qui jouait gaiement avec elle, et j'encourageais cette relation. J'espérais que la présence d'Alicha allait instaurer un peu de normalité dans la vie de Gwendolyn.

Je compris à quel point j'avais fait fausse route lorsque l'enseignante de Gwendolyn me confia que sa belle-mère était venue la chercher à la sortie de l'école et avait annoncé qu'elle était « la nouvelle maman de Gwendolyn ». C'est à ce moment de ma vie, alors que je glissais inexorablement vers l'abîme, que Victoria Richt, la nouvelle psychiatre de Gwendolyn plébiscitée par Julian, entra dans notre vie. Pour une fois, Julian s'était trompé d'alliée.

9

« Je vous crois »

Le cabinet du docteur Richt, situé à deux pas de notre appartement et de Central Park sur Madison Avenue et la 85e Rue, était gardé par un portier chapeauté en livrée noire. Il nous scruta longuement, Gwendolyn et moi, décrocha son téléphone, murmura quelques mots et nous fit signe de passer. Avec son élégance feutrée, l'immeuble de la psychiatre Richt me rappelait le mythique *Breakfast at Tiffany's* (*Diamants sur canapé*) avec Audrey Hepburn. Nous nous installâmes dans des fauteuils moelleux en velours beige pendant qu'une nounou indienne en sari et à l'air maussade sortait de la salle d'attente, ployant sous le poids d'un cartable et d'un sac à dos d'enfant. Une petite fille blonde lui emboîta le pas, droite et décidée.

Élégante dans sa robe fourreau noire, un large sourire aux lèvres, une femme mince d'une cinquantaine d'années ouvrit la porte. « Bonjour Gwendolyn. Je suis le docteur Richt », dit-elle d'une voix chaleureuse avec un fort accent américain. Gwendolyn se leva immédiatement et lui serra la main avec un « Bonjour docteur ! », et se tourna vers moi pour s'assurer que je la suivais. La thérapeute me fit signe d'entrer dans son cabinet et de m'asseoir dans un fauteuil en velours clair face à un divan du même ton. Elle fit signe à Gwendolyn de la suivre et toutes deux s'installèrent à une table d'enfant minuscule sur laquelle trônaient des feuilles de papier à dessin et des crayons de couleur.

– Gwendolyn, tu sais pourquoi tu es ici aujourd'hui ?

– Oui, répond Gwendolyn en regardant la thérapeute droit dans les yeux.

– Tu peux me le dire ?

– Ma maman m'a dit que c'était pour parler avec vous. Pour me faire du bien. Je vais venir vous voir quand je suis malheureuse.

– C'est cela. Je suis une sorte de docteur qui soigne les enfants en leur parlant. Comme les docteurs soignent une jambe cassée, par exemple, moi, je soigne les peurs, les angoisses en parlant à l'enfant. Les choses qu'on ne voit pas, les bobos dans la tête ou dans le cœur. Tu comprends ?

– Oui, je comprends. J'espère que vous allez m'aider parce que, moi, j'ai souvent des bobos dans le cœur.

– Je te promets que je ferai tout mon possible pour que tu n'aies plus mal au cœur, Gwendolyn.

Gwendolyn sourit et saisit une feuille à dessin et un crayon rose.

– Très bonne idée ! Tu veux bien dessiner ta maman ?

Ma fille se mit à dessiner une figure aux cheveux blonds et aux yeux noirs avec des jambes interminables. Elle accorda une attention toute particulière aux pieds. La fille portait des chaussures à talons.

– C'est toi ou c'est ta maman ? demanda le docteur Richt en souriant.

Gwendolyn baissa les yeux avant de répondre :

– Ben, c'est moi et ma maman, en fait.

– Tu veux bien dessiner ton papa maintenant ? dit le docteur en lui tendant une autre feuille de dessin.

La réaction de Gwendolyn fut instantanée. Elle hurla « NON ! » en repoussant la feuille vers la thérapeute.

– Il s'est passé quelque chose de toute évidence ! Cette enfant a peur de son père, dit le docteur Richt.

La séance suivante me fut entièrement consacrée. Car le docteur Richt tenait à travailler également avec les parents avec lesquels elle exigeait un entretien hebdomadaire. Je savais qu'elle avait déjà rencontré Julian. Tremblante, entre deux sanglots intempestifs, je lui racontai mon histoire pendant deux heures. Elle me regardait en hochant parfois la tête, me tendit une boîte de mouchoirs, puis, à la fin de mon discours, elle prononça trois mots, trois tout petits mots qui furent pour moi gigantesques, qui me rattrapèrent dans ma chute, et me sauvèrent la vie : « Je vous crois. » Ces paroles me confirmaient ce que je savais au plus profond de moi-même, mais dont je commençais à douter : je n'étais pas folle. Le fou, le bourreau, c'était lui. Moi, j'étais la victime. Sa victime.

À raison de deux consultations par semaine, puis une, le docteur Richt eut tout loisir d'affiner sa perception des choses. Elle considérait Gwendolyn depuis le début comme une patiente de rêve, tant son inconscient se manifestait de manière créative et tant elle était encline à se raconter à travers ses jeux, ses dessins, ses récits imaginaires ou directement. Un jour, alors que Gwendoline avait 5 ans et demi, elle raconta à sa thérapeute un récit qui mettait en scène celui qu'elle appelait «Bad Dad». Le docteur Richt se hâta de l'écrire et de m'en donner le texte:

«*Il était une fois un bébé "a" et une maman "À" qui avait un accent. Son accent était comme une corde. Le bébé "a" voulait rester avec sa maman, mais il avait un daddy, qui s'appelait "A" et était un daddy sorcier, qui voulait garder le bébé "a" pour lui tout seul. Heureusement, la maman "À" pouvait se servir de sa corde pour garder le bébé attaché à elle. Mais un jour le méchant papa a coupé la corde et le bébé a perdu sa maman. Le bébé était très triste. Heureusement, il y avait les X qui avaient des pouvoirs magiques. Ils ont attaqué le daddy "A" et il est mort. Le bébé était très heureux car il pouvait rester avec sa maman.*»

La psychiatre réconfortait Gwendolyn d'un *hug* lorsque son père l'emmenait aux séances conformément à l'ordonnance de la cour, et que Gwendolyn se mettait ensuite à paniquer à l'idée d'aller dormir chez lui. « Quand je suis trop triste, elle remplace un peu ma maman », m'avait dit Gwendolyn. Gwendolyn lui racontait les maltraitances physiques de Julian causées, selon la psychiatre, par des compulsions, car, pour Julian, l'amour ne pouvait se décliner que dans la violence et la peur. Il la serrait trop fort contre lui et Gwendolyn avait peur qu'il ne l'étouffe. Il lui broyait les doigts « à les briser » lorsqu'ils marchaient dans la rue, et s'asseyait sur elle, voire se jetait sur elle lorsqu'elle était assise sur le canapé, faisant mine de ne pas la voir. Il rebondissait sur son petit corps en riant : « Y a quelque chose sur ce canapé ? Oh, mais on dirait que c'est Gwendolyn ! » Cela effrayait beaucoup Gwendolyn, mais la psychiatre ne trouva aucune marque de violence. Aucun signalement n'était possible.

Lorsque Gwendolyn eut 6 ans, les maltraitances physiques se transformèrent en maltraitances psychologiques et le comportement d'Alicha devint particulièrement odieux. Avant chacune de nos séparations, Gwendolyn réclamait des souvenirs de moi pour les emporter chez son père : des Photomaton ou des dessins qu'elle plaçait dans ses pochettes. La psychiatre me conseilla de donner à Gwendolyn des « talismans », des colliers, des bracelets, qui m'appartenaient, pour qu'elle ait l'impression que j'étais toujours avec elle. Des objets « pour être moins triste », disait-elle. Soit ces objets disparaissaient systématiquement sans que Gwendolyn ne puisse expliquer comment, soit ils revenaient cassés – quand ils me revenaient. Et Gwendolyn me confiait parfois son désespoir de ne pouvoir les garder sur elle : « Alicha n'a pas fait exprès, maman. Elle dit qu'il s'est cassé tout seul parce qu'il est pas solide, mais moi, ça me rend triste. » Même ma médaille de baptême ne résista pas à la rage annihilatrice de Julian et d'Alicha.

Plus que tout, ils détestaient les doudous de Gwendolyn, toxiques selon eux, car Gwendolyn les frottait contre mon cou pour les imprégner de mon parfum. Alicha les passait systématiquement à la machine à laver. Julian égara même deux minilecteurs audio qui contenaient des airs – « Candy », « Au clair de la lune », « À la claire fontaine », « Il pleut, il pleut, bergère », « La mère Michel » – chantés par moi. J'appris qu'Alicha s'était même rendue à ma place à la « Mother's Night » de l'école, une soirée organisée par les mères et pour les mères, où je n'avais pas pu me rendre car j'étais malade. Elle s'y était présentée comme « la mère… enfin, la belle-mère de Gwendolyn ». Julian ravageait tout.

La psychiatre se rendit vite compte que Julian mentait sans cesse et qu'avec Alicha il contraignait Gwendolyn à croire ses mensonges sous peine de punitions. Ils tentaient de la priver de sa réalité – la réalité. Gwendolyn pleurait systématiquement lorsqu'elle voyait son père à la sortie de l'école, mais Julian était persuadé que c'était moi qui lui avais demandé de pleurer et d'être triste « pour faire de la peine à son père ». Combative et loyale, elle résistait : « C'est faux ! Maman n'a pas dit ça ! », mais bientôt, elle se tut, se contentant de pleurer en tremblant.

Néanmoins, malgré la peur qu'il lui inspirait, le chaos et la confusion qu'il faisait entrer dans sa vie, Gwendolyn désirait des preuves d'attention de la part de son père. Lorsqu'elle lui demanda un jour pourquoi il n'avait pas assisté à sa rentrée scolaire, il répondit du tac au tac : « C'est parce que ta mère me l'a interdit. » C'était ridicule car une telle demande de ma part aurait automatiquement entraîné une convocation au tribunal par Julian, appuyée par Mussari. Mais il était capable de mentir avec un aplomb déconcertant sans se soucier des conséquences.

10

Folie à deux

À deux pas de l'East River, l'école française de New York où était scolarisée Gwendolyn, sur la 73e Rue, avait des allures d'ambassade avec son arrogante façade en verre, ses immenses drapeaux américain et français et ses vigiles hargneux. L'école organisait un événement ce samedi matin, le festival d'automne, où les parents tenaient des stands représentant la culture de leur pays. Gwendolyn, qui devait s'y rendre avec son père et sa belle-mère, m'avait suppliée d'y aller. Elle voulait absolument me voir pour que le week-end lui semble moins long car nous étions au milieu de la « daddy's week », qu'elle redoutait tant. Julian allait la chercher à l'école le lundi après-midi. Elle dormait chez lui jusqu'au mercredi, revenait chez moi pour y passer les nuits du mercredi et du jeudi avant de retourner chez son père le week-end du vendredi après-midi au lundi matin. Malgré les années, il lui était toujours aussi difficile de s'adapter à cet emploi du temps qui ne respectait en rien ses besoins d'enfant.

J'avais longuement hésité, angoissée comme toujours à l'idée de croiser Julian et Alicha que j'évitais autant que possible lors des rencontres scolaires. D'autant que, même si j'appréciais le cosmopolitisme de son école (fréquentée par des élèves de soixante nationalités différentes), je détestais son côté élitiste, maladroitement dissimulé sous des atours d'excellence académique. Les frais de scolarité annuels s'élevaient à 24 000 dollars (Gwendolyn était une des rares élèves à bénéficier d'une aide financière). L'école organisait un gala annuel pour le gotha franco-new-yorkais et se targuait d'être un établissement particulièrement réputé dont les élèves s'apprêtaient à devenir des décideurs d'envergure mondiale.

Gwendolyn avait finalement eu raison de mes réticences. Encore hésitante, à 11 heures le samedi matin, j'étais habillée, maquillée lorsque je reçus un e-mail de Julian. Soudain tremblante, je m'assis avant d'en entamer la lecture. « Gwendolyn nous a dit que tu comptais te rendre au festival d'automne de l'école. Nous avons l'intention d'y aller. Ce n'est pas ton jour de visite. Je te demanderai donc de t'en abstenir pour que nous puissions profiter pleinement, en famille, de notre visite avec Gwendolyn. » Je n'en croyais pas mes yeux. Son aplomb et son arrogance étaient inimaginables. Julian me signifiait que ma présence lui gâcherait son plaisir, et que je devais donc rester chez moi. Je décidai de ne pas répondre et je partis donc, furieuse.

Je savais que Julian me tenait éloignée à dessein d'Alicha, qui obéissait religieusement à ses commandements. Il fallait, selon la version officielle, « la protéger de moi », et je voyais bien qu'elle m'évitait comme la peste. Le festival d'automne de l'école fut pour moi la première occasion d'avoir un échange direct avec Alicha.

Une centaine de personnes se tenaient déjà devant les stands et la fête battait son plein. Cet événement était avant tout l'occasion pour les gens du même monde de se côtoyer, de se reconnaître, ou, éventuellement, de faire connaissance. De fait, le style vestimentaire des parents des élèves de l'école se démarquait nettement de celui des habitants de New York, pourtant généralement considérée comme un bastion de l'élégance branchée. Si le costume-cravate Hugo Boss était l'uniforme des pères, souvent des financiers à Wall Street, les mères alliaient la sobriété et l'élégance chères aux Parisiennes. Certains enfants étaient de véritables gravures de mode. L'école n'exigeait d'ailleurs pas d'uniforme à proprement parler contrairement aux autres écoles privées de renom, d'ailleurs toutes situées sur l'Upper East Side. La seule consigne était que les filles portent des robes grises, les garçons des pantalons gris, sans doute pour leur permettre toute l'élégance qu'exigeait une institution française.

La 73e Rue entre York Avenue et l'East River, pour l'occasion fermée aux voitures, était inhabituellement animée, parsemée d'une vingtaine de stands. De nombreux enfants se déplaçaient en trottinette, fonçant sans regarder devant eux dans les jambes des visiteurs. Chaque stand exhibait ses symboles nationaux avec plus ou moins de réussite et de fierté. La France, avec son coq, son drapeau, sa Marianne faisait pâle figure face à d'autres stands, car elle n'avait rien à offrir, ni à présenter, pas même un mets en l'honneur de la gastronomie française. Les États-Unis affichaient leur sempiternelle bannière étoilée, mais aussi des symboles de la NBA et des photos de certains joueurs mythiques, Kobe Bryant ou Shaquille O'Neal. Je souriais et distillais quelques bonjours de circonstance, mais mon allure s'accélérait ostensiblement : je marchais seule, écrasée d'anxiété, parmi ces familles unies, me demandant si je ne devais pas plutôt rebrousser chemin. Mais la peur de trahir Gwendolyn me convainquait de rester. Une idée m'obsédait : comment allait se passer notre entrevue ? Et si Gwendolyn se mettait à pleurer devant tous ces parents ? Julian aurait beau jeu de dire que j'étais venue le narguer.

Je cherchais ma fille du regard quand j'aperçus un lointain collègue de travail, un sexagénaire guindé, dont j'évitais en temps normal religieusement la compagnie tant il était pédant. Il était seul lui aussi et cherchait visiblement un interlocuteur.

– Bonjour… Caroline, c'est bien ça ? Paul-Édouard, vous vous souvenez sans doute de moi, le réviseur du 5e étage. Je déduis de votre présence ici ce matin que votre enfant fréquente elle aussi cette merveilleuse institution. Mon fils, Gauthier, est en classe de cinquième. Il a fait toute sa scolarité ici et je m'en félicite !

– Ah oui, bonjour... Oui, ma fille, Gwendolyn...

– Quelle chance, n'est-ce pas, pour nos chérubins, d'avoir été admis dans une école aussi prestigieuse !

– Une chance inouïe, répondis-je en fouillant du regard le flot de visiteurs avançant vers nous.

– Savez-vous que Gauthier parle le français, l'anglais, le russe et le mandarin ? Sans omettre le grec et le latin qu'il maîtrise déjà parfaitement. Indispensable, le mandarin, de nos jours, la Chine sera bientôt la plus grande puissance économique du monde, et nos enfants sont appelés à être des décideurs mondiaux...

– Oui, sans doute..., dis-je sans aucune conviction.

Gwendolyn n'était pas encore là. Peut-être avaient-ils changé d'avis ? Je l'espérais presque autant que je redoutais de revoir Julian maintenant. Je souriais patiemment à Paul-Édouard, reconnaissante de sa compagnie, indifférente à sa logorrhée prétentieuse. C'est alors que je vis Gwendolyn. Et comme chaque fois, tout sembla se figer autour de moi. Je n'entendais plus rien, ni le discours pompeux de mon interlocuteur, ni le brouhaha des conversations des parents et des cris des enfants alentour. Nattée, habillée d'un manteau rouge et de bottes bleu marine, elle avançait lentement devant son père et sa belle-mère, tous deux très élégants pour l'occasion, et regardait de tous côtés. Elle me cherchait. Je lui souris béatement, tentée de fendre le groupe de personnes devant moi, de courir vers elle, de la soulever et de la serrer dans mes bras. Mais sa belle-mère, Alicha, me vit avant elle. Elle s'empara de la main de Gwendolyn et fit une volte-face, prête à repartir sur-le-champ – à Astoria ? Mais c'était trop tard. Le regard de Gwendolyn avait déjà rencontré le mien. Elle lâcha la main de sa belle-mère et se précipita vers moi, les bras tendus : « Mamaman ! » Julian et Alicha se concertèrent, paniqués. La colère déformait leur visage, mais, déjà, Gwendolyn était arrivée à ma hauteur, folle de joie de m'avoir retrouvée.

– Mamaman !!!

– Oh, mon petit amour ! Comme je suis heureuse de te serrer dans mes bras !

– Mamaman ! répétait-elle en me couvrant le visage de baisers.

Julian et Alicha s'agitaient, se demandant comment mettre fin à cette scène sans déclencher les sirènes de Gwendolyn. Julian se planta soudain devant nous avec un grand sourire qui, bien que dirigé vers moi, était en fait adressé à Paul-Édouard dont l'allure de dandy, faite pour impressionner les Américains, ne le laissait pas indifférent. Il murmura mielleusement un « bonjour » servile, hésita quelques secondes, puis, toujours aussi souriant, posa doucement sa main sur la manche de Gwendolyn, qui l'ignora avec superbe, puis déclama d'une voix doucereuse, avec un accent à couper au couteau en direction de Gwendolyn :

– Allons, allons, *sweetheart*. Il faut y aller. Dis au revoir à maman maintenant.

La chaleur et la gentillesse de ce «maman», un terme que Julian n'employait qu'en public, me donnèrent presque la nausée. Qui aurait pu imaginer, en l'entendant, ses réserves de haine à mon égard? Julian était un comédien de génie.

– Non, je n'ai pas envie de quitter Mamaman. Je veux rester avec Mamaman, dit-elle sans le regarder en se serrant un peu plus fort contre moi.

Je lui caressai les cheveux tendrement. Je savais que par amour pour moi Gwendolyn prenait des risques, et je ne voulais surtout pas qu'elle fasse une scène car je craignais qu'elle ne soit punie.

– Daddy a raison, mon ange. Il faut vraiment y aller. D'ailleurs maman doit partir maintenant. Toi, tu vas pouvoir t'amuser un peu avec tes petits amis, dis-je à contrecœur, d'une voix douce qui n'eut aucun effet sur Gwendolyn.

– Je veux rester avec toi, maman, insista Gwendolyn.

– Mais tu sais, je pars maintenant, de toute façon. Je dois y aller car je dois rencontrer une amie au parc à midi, dis-je en la posant par terre.

– Oh maman, j'ai envie de venir avec toi. Je veux rester avec toi ! dit Gwendolyn en me serrant les jambes de ses petits bras.

Julian fit un nouveau pas en avant: «Allez, *sweetheart.*» Sa voix avait des accents métalliques que je connaissais bien et où perçait maintenant une menace. Gwendolyn tressaillit, et se retourna vers lui, apeurée. Elle étudia le visage de son père quelques secondes, puis celui de sa belle-mère, dont les yeux noirs lançaient des flammes. Des sanglots montèrent de sa gorge. Elle avait compris qu'elle risquait une punition.

– Vraiment, Gwendolyn. Je dois y aller. Il faut que tu ailles avec ton père et ta belle-mère. On se sera vues. C'est déjà bien, non ?

Gwendolyn me regarda avec surprise, comme si je l'avais trahie, et ses pleurs redoublèrent. Ma tête me faisait mal. C'est alors qu'Alicha s'empara de la main de Gwendolyn, qui se mit à hurler de désespoir. Elle attira l'enfant à elle et Gwendolyn me lança un regard implorant. J'avais l'impression de suffoquer. Je n'y tenais plus. Il fallait que je dise à Alicha que je n'étais pas la mère que Julian lui avait dépeinte. Plus que tout, je souhaitais que ma fille aille chez lui, heureuse et gaie. Je voulais vivre normalement, recommencer à dormir, à manger, et ne plus penser que mon enfant souffrait, sans que j'y puisse rien. Je voulais être heureuse moi aussi – enfin. Alicha ne pouvait pas ne pas comprendre. Il fallait qu'elle sache que j'aimais trop mon enfant pour détruire sa vie.

– Tu ne peux pas croire que c'est pour me faire plaisir qu'elle se met dans un état pareil ! Tu vois bien qu'elle est réellement triste, que ce n'est pas de la comédie ! Un tel désespoir, ça ne peut pas être de la comédie ! dis-je soudain en direction d'Alicha.

Mon espoir fut de courte durée. Alicha plongea ses yeux dans les miens. Un regard noir, légèrement asymétrique, dépourvu de bienveillance. Elle lâcha un petit rire qui me donna envie de la gifler. Julian se taisait.

Il avait gardé son sourire public de gentil papa. Alicha était visiblement d'une tout autre espèce, moins adepte des masques que son époux. Mais un déclic venait de se produire en moi. Je prenais pour la première fois conscience de l'étendue de la haine d'Alicha à mon égard, une haine jumelle de celle de Julian, qui n'épargnait pas ma petite Gwendolyn. Une folie à deux. Elle se retourna et tira brusquement Gwendolyn derrière elle. Gwendolyn continuait de pleurer en murmurant « Mamaman ! »

Cette scène me força à percevoir la dynamique de la relation entre Julian et Alicha sous un jour entièrement nouveau. Avant cette rencontre, j'espérais encore. Alicha finirait bien par imposer des limites à son mari et le forcerait à penser à eux, à elle, et à leur future famille. Elle aurait un enfant avec Julian dont le passé, sa première femme, son premier enfant passeraient alors à l'arrière-plan. Pleine d'espoir, impatiente, je demandais parfois à Gwendolyn de regarder si son ventre ne s'arrondissait pas. Alicha avait bien sûr avalé les couleuvres de Julian, ses projections pathologiques me concernant, mais il me semblait qu'elle allait tenter de mettre fin à sa soif de vengeance, cette mécanique infernale, pour apaiser son foyer. À ma grande surprise, l'obsession de Julian envers moi et sa haine irrépressible ne faisaient que croître. La scène du festival de l'école me fit comprendre qu'Alicha partageait cette haine, pire encore, qu'elle l'attisait. J'étais sa rivale, la première femme, la mère de l'enfant de l'homme qu'elle aimait – l'inoubliable. L'essentielle, même, car Julian ne pouvait pas se passer de moi. Ne m'accusait-il pas de tous ses travers ? Ses violences ? Sa haine ? Sa jalousie maladive ? Sa folie ? J'étais son mauvais objet, nécessaire à son équilibre, sa clef de voûte.

Je soupçonnais Julian d'avoir rendu Alicha folle de jalousie pour mieux l'instrumentaliser. Alicha n'avait pas le choix : elle devait me détruire dans l'espoir de mettre fin à l'obsession pathologique de son mari. Plus il me haïssait, plus elle l'aimait. Et plus elle me haïssait, plus il l'aimait. Je venais de comprendre que tous deux étaient enchaînés l'un à l'autre dans leur haine contre moi.

11

Endoctrinement

— Comment tu vas ?
– Bien, mais je veux que maman vienne aussi aujourd'hui.

La psychiatre me fit signe de m'installer dans le fauteuil de son cabinet.

– Je vois que tu veux jouer avec les poupées aujourd'hui.

– Oui. Tu veux bien être la poupée qui fait ma méchante belle-mère, Alicha ?

– D'accord ! Je suis la belle-mère et toi, tu es la petite fille. C'est ça ? dit la psychiatre en prenant une poupée aux longs cheveux noirs dans sa main droite.

– Oui, moi, je suis Gwendolyn.

L'enfant posa la poupée Gwendolyn devant la thérapeute et la fit immédiatement parler.

– Bonjour, je m'appelle Gwendolyn et voilà mon papa et ma méchante belle-mère, Alicha. Ma maman, elle n'est pas là aujourd'hui, elle me manque beaucoup et, souvent, je pleure toute seule dans la douche pour que ma méchante belle-mère me voie pas pleurer, mais elle vient quand même me voir dans la douche et, si elle voit que j'ai pleuré, elle me punit ! dit-elle de sa voix enfantine.

Gwendolyn déshabilla sa poupée et la plaça dans la douche en plastique. « Pchhhhh. » Elle imita le bruit de l'eau qui coule pendant que Victoria Richt déplaçait la poupée Alicha dans toutes les pièces de la maison en disant « Gwendolyn ? Gwendolyn ! Où es-tu ? » Mais le ton de la psychiatre, qui se voulait aussi neutre que possible, ne plut pas à Gwendolyn, bien trop attachée à la vraisemblance, pour ne pas corriger la mauvaise actrice comme l'eût fait un metteur en scène.

– C'est pas comme ça qu'elle dirait Alicha. Elle dirait « GWENDOLYN !!! Où es-tu encore passée ? » avec une grosse voix méchante comme ça.

– D'accord, je recommence : « GWENDOLYN ! Où es-tu encore passée ? », reprit la thérapeute d'une voix forte qui fit sursauter Gwendolyn.

Immobile, la fillette se figea et regarda la thérapeute, les yeux écarquillés par la peur.

– Je... je prends une... douche comme tu m'as demandé ! répondit Gwendolyn d'une voix faible et hésitante. Puis, paniquée, « Oh, mais il ne faut pas qu'elle voie que je pleure ! Je vais mettre du savon dans mes yeux ! Comme ça, elle ne saura pas que je pleure ! », s'écria-t-elle.

– Ah, Gwendolyn, enfin ! Tu es dans ta douche... Oh... mais on dirait que tu pleures... Ne me dis pas que tu..., dit la thérapeute du même ton autoritaire.

– Non... non... Alicha... je te promets que c'est pas des vraies larmes... Je pleure pas parce que je suis triste, mais parce que j'ai mis du savon dans mes yeux..., répondit Gwendolyn d'une voix chevrotante qui trahissait une frayeur extrême.

Toujours accroupie sur le sol, ma fille se recroquevilla sur elle-même.

– Oh, je suis désolée...

Mais Gwendolyn se redressa et l'interrompit avec force.

– Non, docteur ! C'est pas comme ça. Tu peux pas dire « je suis désolée » car Alicha ne dirait jamais cela, elle dirait que je mens et que je lui raconte des histoires, elle dit toujours : « Je sais que tu pleures pour faire plaisir à ta mère, ta mère t'a demandé de pleurer quand tu es avec nous parce que ta mère veut faire de la peine à ton père... »

La psychiatre hocha la tête en signe d'approbation et me lança un regard entendu avant de reprendre son rôle d'une voix sévère.

– J'espère que tu ne me racontes pas d'histoires... Tu sais que si tu pleures pour ta mère, je le dirai à ton père et tu seras punie !

– Oui, je sais, Alicha… Je te promets… Je m'excuse…, gémit la poupée de Gwendolyn d'une voix qui me fit froid dans le dos.

Gwendolyn se recroquevilla un peu plus. Elle semblait terrifiée. Elle me jeta un regard désespéré, laissa tomber sa poupée, se leva brusquement et accourut dans mes bras.

– Maman… maman…, murmura-t-elle d'une voix à peine audible.

Je la pris contre moi et embrassai ses cheveux en bredouillant : « Tout va bien. Maman est là, mon petit trésor. Ta maman t'aime plus que tout. Elle te protégera toujours. » Gwendolyn enfouit son visage dans ma poitrine.

Je scrutai le visage de la psychiatre qui exprimait une vive curiosité.

– Gwendolyn, qu'est-ce qui se passerait si tu répondais à Alicha que ce n'est pas vrai ce qu'elle raconte, que maman ne veut pas que tu pleures et que maman ne souhaite pas que papa soit triste ?

– J'ai dit à daddy et à Alicha que maman voulait que je sois heureuse et que maman ne voudrait jamais que je pleure ! Mais ils étaient en colère, alors ils ont fait une grande discussion… et moi, j'avais très très peur, je ne pouvais plus parler et je tremblais dans le coin, répondit Gwendolyn d'une voix presque inaudible qui contraignit le docteur Richt à se rapprocher d'elle.

– Dans le coin ? On te met dans un coin ? Dis-moi, qu'est-ce qui se passe pendant les « grandes discussions » ? demanda-t-elle, intriguée.

– Alicha me met dans le coin de la salle à manger et daddy et Alicha m'encerclent, et j'ai très peur, alors j'essaie de me faire toute petite comme ça, répondit la fillette en se recroquevillant par terre pour se protéger.

– Alicha, elle dit que je suis une méchante petite fille parce que j'aime pas mon daddy. Je dois toujours m'excuser d'être une méchante petite fille. Je dois m'excuser d'avoir menti... Et je dois avouer la vérité... que c'est maman qui me dit d'être triste et d'être méchante avec daddy... J'essaie de pas pleurer mais je sais pas comment m'empêcher de pleurer...

– Oui, je vois. Il faut que tu comprennes quelque chose de très important. Ce n'est pas parce que tu es une méchante petite fille que daddy et Alicha te punissent, c'est parce que tu aimes ta maman. Ils ne veulent pas que tu aimes ta maman parce qu'ils ont l'impression que si tu aimes ta maman, tu ne peux pas aimer ton daddy. Daddy n'arrive pas à comprendre ça.

– Je l'aime un petit peu, daddy... quand il est gentil avec moi...

– Je sais que tu aimes un peu ton daddy quand il est gentil avec toi. Tu peux me dire comment tu es punie quand il y a ces « grandes discussions » ?

– On me met dans ma chambre dans le noir. Alicha me prend tous mes jouets et mes livres... J'ai peur toute seule dans le noir, alors je pleure... Alicha elle dit que je dois arrêter de pleurer, mais j'ai trop peur...

– Et daddy ? Qu'est-ce qu'il fait ? Il est d'accord pour que tu restes dans ta chambre dans le noir ?

– Daddy, il dit que les bonnes petites filles aiment leur père... il dit que je suis une... méchante petite fille, et que je dois avouer que maman veut que je pleure pour que daddy soit triste... et que c'est elle qui me fait pleurer... que maman est méchante, mais que daddy, lui, il m'aimera toujours... Il dit que j'ai de la chance d'avoir un daddy comme lui... Et Alicha, elle dit la même chose... moi, je veux juste être avec ma maman... je veux pas être avec daddy... et je comprends pas pourquoi daddy veut que je dise que c'est maman qui me dit de pleurer... moi, je sais que maman est triste quand je pleure...

– Tu n'es pas une méchante petite fille, Gwendolyn. Ce n'est pas parce que tu aimes ta maman que tu es une méchante petite fille, Gwendolyn. Il y a autre chose de très important : c'est toi qui sais ce que ta maman t'a dit. Si ta maman ne t'a jamais demandé de faire de la peine à daddy, personne ne peut te forcer à penser le contraire, dit le docteur Richt en me regardant fixement.

Je tentais de reprendre mon souffle. J'étais tétanisée.

– Oui... Mais pourquoi je peux pas être juste avec ma maman et aller juste jouer un peu avec daddy ? demanda Gwendolyn, la voix brisée par les sanglots.

– Je suis désolée, Gwendolyn. Je suis d'accord avec toi que ce serait mieux pour toi et je comprends combien tout cela est difficile pour toi. Je comprends que tu as peur lorsque Alicha et daddy t'encerclent dans un coin et qu'ils t'enferment dans le noir et qu'ils te disent des choses fausses sur maman. Mais le juge veut que tu passes du temps avec ton père. Le juge ne comprend pas que tu as peur, mais tu sais, c'est très bien que tu me racontes tout ça. Tout ce que tu me dis est très important et je te promets que je ferai tout pour t'aider.

– Mais tu peux pas lui dire, toi, au juge que je veux pas être avec daddy ?

– J'ai essayé de lui dire, Gwendolyn, mais il ne m'a pas écoutée. Je suis désolée, Gwendolyn, mais il est maintenant l'heure de ranger les jouets pour laisser la place à une autre patiente.

Main dans la main, nous avons marché dans les rues commerçantes hyperanimées de la 86e Rue de Park Avenue jusqu'à Lexington Avenue en direction de l'animalerie Petco, le rituel qui ponctuait toujours les séances avec le docteur Richt. Enchantée à la perspective de contempler des chatons et des chiots – et, qui sait, peut-être même de me persuader d'en rapporter un à la maison –, Gwendolyn était soudain intarissable. Elle me parlait avec passion d'un livre qu'elle venait d'étudier en classe, une histoire de chaton qui souffrait d'une rage de dents terrible et à qui le docteur avait recommandé de mettre une queue de souris entre les dents. Hélas pour lui, aucune souris ne consentait à le laisser faire.

J'acquiesçais, je commentais, je donnais le change tant bien que mal, mais j'étais sonnée. Je repassais en boucle dans ma tête la scène jouée par Gwendolyn avec ses poupées et j'essayais en vain d'y voir plus clair. Un mot tournait en boucle dans mon esprit : « endoctrinement ».

Julian était en train d'essayer d'endoctriner notre fille contre moi. C'était donc lui qui pratiquait l'aliénation parentale, pas moi.

Jusqu'où était-il prêt à aller pour nous éloigner l'une de l'autre ? Ne savait-il pas qu'il risquait de détruire notre enfant en voulant se l'approprier ? Pensait-il vraiment persuader Gwendolyn que j'étais la cause de sa tristesse ? Ou, tout aussi impensable, atroce, se pouvait-il qu'il le croie vraiment ? Ne voyait-il pas que le désespoir de cette enfant était sincère et profond ? J'avais déjà remarqué que la souffrance de notre fille, pourtant la chair de sa chair, quand il en était la cause, ne le touchait pas. Il préférait reconstruire la réalité, et tenter d'en convaincre une enfant, mais croyait-il ses mensonges ? Il semblait avoir réussi à convaincre sa femme de cette réalité. Comment pouvait-elle nier une évidence si… « évidente » ? Était-elle folle, elle aussi ? Et cruelle ? Toutes ces questions se bousculaient dans mon esprit. Je n'étais pas armée pour faire sens d'une telle folie, double de surcroît, et je me sentais plus seule que jamais.

Les « oh » et les « ah » d'émerveillement de Gwendolyn me ramenèrent soudain à la réalité. Dans la vitrine de Petco, un frêle chaton tigré gris et blanc nous observait, les yeux écarquillés et les oreilles dressées. Il se tenait craintivement dans un coin en retrait de ses frères et sœurs, qui sommeillaient paisiblement. C'était sur ce chaton fragile que Gwendolyn avait jeté son dévolu.

– Regarde, maman, comme il est mignon ! Oh, maman, je serais tellement heureuse ! Tellement heureuse ! Je te jure que je ne serai plus jamais malheureuse ! dit Gwendolyn en me secouant le bras droit.

Je résistai aussi fermement que mon esprit embrumé me le permettait. Après tout, ce n'était pas la première fois que Gwendolyn m'assaillait de la sorte devant une animalerie, et je m'en étais toujours tirée honorablement.

– Mais tu sais bien que ce n'est pas possible ! Comment on ferait pour aller en France en été ?

– Mais maman, on trouvera quelqu'un, c'est sûr ! Antonella ou Margharita, ou Mary ou le voisin, qui est si gentil. Oh, maman, je te le jure, si j'avais ce petit chat-là, celui-là, là-bas, qui nous regarde pour nous dire de l'acheter, je ne serais plus jamais malheureuse, même lorsque j'irai chez daddy !

Je regardai le chaton effarouché derrière la vitre en me demandant s'il parviendrait à s'acquitter de sa mission herculéenne : effacer la peine de Gwendolyn. Gwendolyn scrutait mes expressions, elle sentait que je commençais à fléchir, et, petit à petit, son visage s'illuminait. Je la pris dans mes bras et lui fis un câlin, et, soudain, une idée germa dans mon esprit. Nous allions appeler ce chat « Gros Câlin ».

12

Hallucinations

Au fil du temps, les tentatives d'Alicha pour prendre ma place devinrent plus cruelles, ses actions de plus en plus irrationnelles. J'y voyais une sorte de nettoyage, comme si elle voulait éradiquer la présence maternelle dans l'esprit et le cœur de Gwendolyn, comme s'il s'était agi d'une maladie mortelle. Alicha était devenue le bras armé de Julian.

Gwendolyn supplia son père de lui laisser emporter sa poupée qui l'aurait réconfortée, mais il refusa comme il refusait tout ce qui venait de chez moi, prétextant que cela l'aurait « infantilisée, elle qui avait tant besoin de devenir autonome ». À chaque visite chez son père, elle me faisait des recommandations concernant sa poupée : « Surtout, maman, tu t'occupes bien d'Harmonie. Et si je te manque trop, tu la prends dans tes bras, elle te réconfortera. »

Alicha ne supportait plus le style vestimentaire de Gwendolyn (ballerines et jeans slim), qui lui rappelait sans doute trop le mien, et la forçait à enlever ses vêtements dès qu'elle rentrait chez elle, après avoir pris une douche pour « éliminer le parfum de ta mère ». Un jour où Alicha et Gwendolyn partaient retrouver Julian en Virginie, Gwendolyn dut même se déshabiller en public dans le train et porter les vêtements plus clinquants achetés par sa belle-mère. Alicha l'emmenait chez le coiffeur et lui faisait couper ses longs cheveux blonds sans même m'en faire part, elle lui enlevait immédiatement son vernis à ongle et lui attachait systématiquement les cheveux. « Pourquoi ta mère ne t'a-t-elle pas attaché les cheveux ? Elle sait bien que je n'aime que les queues-de-cheval ! »

Gwendolyn allait de plus en plus mal. Elle s'excusait tout le temps : lorsqu'elle faisait tomber une gomme, un jouet sur le sol, lorsqu'elle avait une note moyenne. Elle s'excusait lorsqu'elle croyait qu'elle allait faire une bêtise. Son père et sa belle-mère semblaient injecter en elle des doses massives de honte qui sapaient sa confiance en elle et, forcément, Gwendolyn culpabilisait de plus en plus. Elle revenait de chez son père en me disant : « C'est de ma faute si Alicha s'est énervée. Je n'écoutais pas, je pleurais. Je suis une mauvaise petite fille. »

Sa belle-mère la mettait de plus en plus souvent dans une situation de double contrainte. Elle lui demandait de lui donner une bonne raison dès que Gwendolyn faisait mal quelque chose. Mais le plus souvent, Gwendolyn ne trouvait aucune raison. Quelle autre raison que ses 7 ans Gwendolyn aurait-elle pu invoquer pour s'excuser de ne pas savoir où se trouve la Chine sur l'atlas du monde? «Mais si je ne donne pas de raison, elle est encore plus en colère… Je devrais savoir où est la Chine… Ce n'est pas bien, pas bien du tout», me disait-elle, terrifiée. Sur les recommandations de sa thérapeute, j'exhortais Gwendolyn à exprimer ses sentiments et ses émotions, à ne pas les enfouir au fond d'elle, et à écrire, à dessiner, à peindre sa tristesse, sa colère. Hélas, cela ne suffisait pas à enrayer le processus de sape initié. Mon enfant commençait à se haïr pour mieux se faire aimer de sa belle-mère.

Elle me réveillait de plus en plus fréquemment la nuit pour me raconter ses cauchemars et me parler des sorcières qui hantaient ses nuits et la persécutaient, des créatures terrifiantes au nez crochu, avec un chapeau pointu, qui ressemblaient à celles d'Halloween. Elle exigeait de dormir avec moi pour que je puisse la protéger contre ces sorcières. Un jour, elle me rapporta que lorsqu'elle dormait chez son père, elle appelait des fées auprès d'elle le soir dans son lit. Ces fées, des «morceaux de maman» (je ne pouvais m'empêcher de penser que le terme était bien choisi car j'étais effectivement une mère en morceaux), sortaient d'un trou dans le plafond pour voler vers elle et l'envelopper de douceur et d'amour avant qu'elle ne plonge dans le sommeil. Je craignais qu'il ne s'agisse d'hallucinations psychotiques, mais la psychiatre me rassura. C'était selon elle un mécanisme d'adaptation. Hélas, quelques mois après leur arrivée, les fées disparurent. Gwendolyn commença à se sentir surveillée, à être persécutée par des visions effrayantes.

– Parle moins fort, maman, me disait-elle parfois en mettant le doigt sur ses lèvres car elle craignait que son père ou sa belle-mère ne soient à la porte en train de nous écouter. Alicha et daddy pourraient nous entendre. Je ne veux pas qu'ils sachent que je t'ai répété ça. Tu sais, Alicha me dit toujours qu'elle a des yeux dans le dos, qu'elle sait tout ce que je fais et tout ce que je dis. Et c'est vrai, maman ! Je te jure que c'est vrai !

– Mais tu sais bien qu'elle dit ça pour te faire peur. Personne n'a des yeux dans le dos, sauf dans les livres.

Un jour, les sorcières qui se manifestaient la nuit apparurent le jour, même lorsque Gwendolyn avait les yeux ouverts. Elles surgissaient à n'importe quel moment de la journée, alors que Gwendolyn pouvait être en train de jouer avec une amie. Il lui arrivait alors de hurler de terreur et de courir dans mes bras. « Elles sont là maman, je les ai vues. Il y en a une qui a crié "on va jeter une bombe sur Gwendolyn !" et elles ont couru vers moi ! Elles veulent me faire du mal ! »

Je compris, un soir, que ces sorcières étaient les incarnations d'Alicha. J'étais revenue du travail plus tôt que d'habitude pour passer du temps avec Gwendolyn. Elle était assise sur le canapé pour regarder un dessin animé sur TV5 avec ses poupées à ses côtés. Pendant ce temps, Mary lavait à la main son chemisier blanc et son collant pour l'école dans la salle de bains. Gros Câlin ronronnait sur ses genoux. « Maman ! », Gwendolyn tendit les bras vers moi lorsque j'entrai dans l'appartement. Je l'embrassai tendrement. Je savais que Julian allait interrompre notre tranquillité en appelant sa fille, comme il le faisait tous les soirs. Gwendolyn semblait plus sombre que d'habitude. Je proposai donc pour l'égayer de prendre notre dîner assises sur le canapé devant la télévision. Soudain, le téléphone sonna. Gwendolyn posa ses mains sur ses oreilles et courut dans sa chambre. Je la suivis silencieusement pendant que le téléphone continuait de sonner.

– Non, maman… non, je ne veux pas… je ne veux pas leur parler… s'il te plaît.

Je m'assis sur le lit près d'elle, je la pris dans mes bras et nous enroulai toutes les deux sous la couverture.

– Ne t'inquiète pas. Tu ne vas pas leur parler. On ne va pas répondre pour une fois. On est bien toutes les deux sous la couverture, non ? On peut bien être quelque part où on n'entend pas le téléphone pour une fois…

– Oui, Mamaman…

Gwendolyn me jeta un regard reconnaissant. Elle semblait soulagée, mais elle tremblait. Je me doutais que, plus que tout, elle redoutait de parler à Alicha, qui prenait le combiné après son père, et qu'elle assimilait désormais à une sorcière.

– Tu sais quoi ? Maman va te faire couler un bain. Tu vas te laver. Et pendant le bain, maman va te lire une jolie histoire. Tu vas te mettre en pyjama et puis, après, on va se mettre au lit et on va lire une autre jolie histoire, d'accord ? Deux histoires en une soirée !

– Oh oui !

Gwendolyn se colla à moi, de nouveau gaie. Je la serrai pendant de longues minutes, puis je me dirigeai vers la salle de bains où je lui fis couler son bain, notre rituel du soir, un moment privilégié : les huiles essentielles embaumaient l'atmosphère, les chansons de Gérard Delahaye remplissaient l'appartement, le livre, le pyjama, le peignoir et la serviette. Soudain, les cris de Gwendolyn déchirèrent ce mirage.

– Maman ! Maman ! Non ! Y a une sorcière !

Elle courut vers moi, terrorisée, toujours enroulée dans sa couverture, et se jeta dans mes bras. Elle tremblait de tout son corps.

– Maman ! Maman ! La sorcière, elle est là ! Elle veut me tuer !!! Oh non ! Maman ! Aide-moi à la faire partir !

Je la serrai un peu plus fort dans mes bras en tentant de la consoler. Mais elle refusait obstinément de se décoller de moi. Elle claquait des dents, terrorisée.

– Tout va bien, Gwendolyn. Calme-toi. Ces sorcières n'existent pas vraiment. C'est ta peur qui te fait voir des sorcières. Le docteur Richt me l'a bien expliqué. Les sorcières n'existent pas. On va faire en sorte que tu n'aies plus peur et, tu vas voir, les sorcières ne reviendront plus jamais. Tu veux me raconter à quoi elle ressemblait et ce qu'elle faisait ?

– Oui…, répondit-elle d'une voix à peine audible. Elle était… verte avec un chapeau pointu, et… un nez de sorcière et… elle avait les yeux… les yeux d'Alicha, des yeux dans le dos, et elle… elle voulait me… tuer !

Elle criait, tremblante, en se blottissant avec force contre mon ventre et je sentais une douleur me serrer le cœur. Je la serrai dans mes bras et je l'embrassai. J'avais envie d'aller chercher la peur, tapie au fond d'elle, et de l'étrangler. J'avais envie de crier au monde qui était vraiment Julian. J'avais envie de tout planter là, de partir loin, très loin, avec Gwendolyn, et de repousser hors de nos vies ce couple infernal, tout droit sorti d'un film d'horreur, qui martyrisait nos vies. J'avais envie de dire enfin à Gwendolyn : « C'est fini. Tu vas être heureuse maintenant. » Je voulais juste exercer mon droit fondamental de mère et accomplir mon devoir biologique : protéger et sauver mon enfant ! Assise sur le marbre glacial de la salle de bains, mon enfant sur les genoux, enveloppée dans mes bras, je m'abandonnai au désespoir et j'éclatai en sanglots. Moi qui avais tant voulu la préserver de la peur et du malheur, j'avais tout râté.

« Pardonne-moi, pardonne-moi, Gwendolyn… je voudrais tellement te protéger… »

13

Mère clandestine

Le cœur battant, je descendais fébrilement la Première Avenue, le regard fixé vers la 73e Rue pendant que les fleuristes et épiciers installaient leurs devantures sur les trottoirs. Les enfants se laissaient conduire à l'école par la main en papotant gaiement. J'étais angoissée. Allais-je croiser Julian ou Alicha comme la dernière fois, lorsque celle-ci avait surgi des toilettes et que j'avais, dans l'heure qui suivit, reçu un coup de téléphone d'un Mussari outré, m'accusant de ne pas respecter les visites de Julian et de « trouver tous les moyens pour élargir [mon] temps de visite ». Je lui avais expliqué que j'étais allée porter à Gwendolyn un livre qu'elle avait oublié chez moi, mais il n'en avait cru mot. Cette fois encore, les supplications de Gwendolyn avaient eu raison de mes craintes.

J'étais prête à faire tout ce qui était en mon pouvoir pour la rassurer un peu et éviter que son état ne se dégrade.

Cette préoccupation était devenue obsessionnelle pour nous. Les efforts de Julian avaient été étrangement contre-productifs. En séparant Gwendolyn de sa figure d'attachement primaire à un âge où elle n'était pas en mesure de le supporter, il avait fait naître en elle, parallèlement à l'angoisse de la séparation, l'obsession d'être avec moi. Notre terreur de ne plus nous revoir avait décuplé notre lien, et je me disais parfois que celui-ci était devenu démesuré. J'avais mal au cœur car, comme d'habitude, j'avais peu dormi et une boule d'anxiété me perforait l'estomac. Tout cela était si ridicule ! Les nerfs à vif, aux aguets, je réagissais comme s'il me fallait éviter un danger mortel. J'allais devoir me faufiler dans l'enceinte de l'école par la porte à tambour, grimper les escaliers quatre à quatre jusqu'à sa classe, et attendre anxieusement l'arrivée de Gwendolyn. J'aperçus enfin les drapeaux français et américain suspendus au-dessus de l'entrée. De gigantesques SUV BMW ou Mercedes noirs, aux jantes chromées et aux vitres teintées, des limousines avec chauffeurs déposaient leurs précieuses cargaisons, des enfants soigneusement coiffés et habillés, et repartaient dans un ronronnement polluant. Autour de moi, des parents se reconnaissaient et se saluaient en français ou en anglais. Je marchais, la tête basse, évitant tout regard, pour ne pas être ralentie dans ma progression. Les vigiles, qui filtraient parents et enfants un à un à l'entrée, me connaissaient bien, et me laissèrent entrer dans la citadelle. Je m'insinuai entre les groupes de parents et d'enfants aussi discrètement que possible. Ni Julian ni Alicha n'étaient en vue.

Je gravis l'escalier quatre à quatre jusqu'au 3e étage où se trouvait la classe de Gwendolyn. Personne non plus dans le couloir. Il était 8 h 15. Le dos tourné, debout, près de la classe de Gwendolyn, je repris ma respiration en admirant les peintures d'enfants affichées sur les murs du couloir : des collages de feuilles d'automne ramassées pendant une excursion à Central Park, les dessins de leurs doudous, les scènes de leurs dernières vacances, que j'avais trop admirés ces dernières semaines car ce n'était pas la première fois que Gwendolyn me demandait de venir l'embrasser avant l'école. Le cœur battant, je n'arrêtais pas de me retourner, espérant l'apercevoir au bout du couloir. Ma nausée était plus forte que jamais et je ne cessais de me répéter que tout cela était insensé, que ma vie tout entière était insensée. Quelle folie s'était donc emparée de cette société pour qu'une mère en arrive à se sentir coupable de serrer son enfant dans ses bras à son école ? Comment en était-on arrivé à imposer des sanctions à une mère qui venait embrasser son enfant à l'école ?

Soudain, au fond du couloir, Gwendolyn fit son apparition. L'air grave, le visage clos. Elle se jeta dans mes bras et je la serrai contre mon cœur, en souriant, de nouveau complète : « Mon petit trésor, comment vas-tu ? » Les paupières closes, elle se tut pendant de longues secondes.

« Maman, j'avais peur que tu viennes pas... Hier, j'ai encore vu des sorcières, tu sais, mais Alicha dit que c'est pas vrai. Elle dit que c'est toi qui as mis les sorcières dans ma tête... » Je retins mes larmes et contemplai longuement son petit visage pâle. Je tentai de prendre sa main droite, serrée dans la poche de son manteau, mais elle résista, puis la desserra enfin. Mon cœur chavira en découvrant une vieille photo de moi, molle et toute chiffonnée. La gorge nouée, je refermai doucement sa main sur la photo. « Ça va aller, tu verras, mon trésor. Demain, tu reviens chez maman. Maman va bien s'occuper de toi. Les sorcières vont disparaître et tu n'auras plus peur. Ne t'inquiète pas, maman et le docteur Richt vont s'occuper de toi », dis-je en l'embrassant tendrement.

C'est alors que je vis la sous-directrice, en robe moulante, juchée sur ses hauts talons. Elle se dirigeait d'un pas pressé, en se dandinant, vers la classe de CP, et passa devant nous en me saluant avec un large sourire feint. Soudain, elle se ravisa et rebroussa chemin.

– Vous savez que les parents n'ont pas le droit de monter jusqu'ici quand ils n'ont pas rendez-vous avec le maître ?

Elle ne s'était pas départie de son sourire factice. J'hésitai. Devais-je encore brandir l'excuse du livre oublié ?

– Je n'ai pas de rendez-vous… je suis juste venue embrasser Gwendolyn… qui m'a demandé de venir…

Je compris instantanément que j'avais fait une grossière erreur de jugement en surestimant l'empathie et l'intelligence de cette femme. La sous-directrice connaissait les problèmes de Gwendolyn, dont le docteur Richt lui avait fait part, ainsi qu'à la psychologue de l'école, mais l'établissement avait pour politique de ne pas s'immiscer dans les conflits parentaux. Elle m'interrompit donc sans ménagement.

– Nous ne faisons aucune exception à cette règle car si on commence à en faire pour un parent, après on n'en sort plus. Vous comprenez… L'école ne se mêle pas des conflits parentaux…

Puis, plus perfidement :

– Et puis vous savez ce n'est pas comme ça qu'on apprend à une enfant à se détacher un peu de sa maman ! J'ai moi-même une fille, vous savez… Je lui laisse un peu d'espace…

J'étais abasourdie. Comment cette femme osait-elle me donner des leçons et de quel droit se permettait-elle de présumer que j'étais une de ces mères fusionnelles et malsaines ? Je me ressaisis enfin, indignée.

– Excusez-moi. Je ne comprends pas de quoi vous…

Je n'eus pas le temps de finir ma phrase, car le maître sortit précipitamment de la classe de CP sans voir la directrice, qui se précipita vers lui. Gwendolyn me regarda avec un sourire triste.

– Maman, je suis désolée. C'est ma faute.

– Mais non ! Ce n'est pas grave du tout. Ne t'inquiète pas, dis-je en lui caressant la tête.

Soudain, une petite voix fluette m'interrompit. Téa, la meilleure copine de Gwendolyn, était plantée devant nous, un sourire d'ange sur son joli visage. Gwendolyn se dérida immédiatement.

– Gwendolyn ! Tu viens ? Je t'attends ?

– Vas-y, mon trésor ! J'essaierai de t'appeler ce soir !

J'embrassai Gwendolyn tendrement. Gwendolyn courut vers son amie et les deux fillettes marchèrent prestement vers leur classe. Je m'éloignai. J'étais sous le choc. De toute évidence, si la sous-directrice était arrivée à la conclusion que j'étais une mère malsaine, c'était parce que Julian l'en avait convaincue. Je l'imaginai en train de lui faire lire le rapport McCaine avec des trémolos dans la voix, et j'avais l'impression d'être cernée. Julian avait toujours un coup d'avance.

L'air dans cette école était soudain devenu irrespirable, et je me hâtai vers la sortie, indifférente aux quelques mères qui bavardaient cordialement devant l'école. La toile que Julian tissait autour de moi se resserrait un peu plus chaque jour. Je traversai promptement la 73e lorsque j'entendis un rire glaçant. Sans réfléchir, je me retournai vers le groupe de mères. Julian se tenait parmi elles et me regardait avec un sourire cruel. Mes jambes flageolèrent. Incapable de marcher, j'appelai un taxi et sautai dedans, anéantie. Aussitôt arrivée chez moi, je me jetai sur mon lit où je m'endormis pour plusieurs heures.

*

Semaine après semaine, le docteur Richt constatait la dégradation de l'état de Gwendolyn. Inquiète, elle tenta de convaincre Julian que l'angoisse de séparation de Gwendolyn était trop forte et qu'il serait bon de réduire les visites, juste le temps que la petite se renforce émotionnellement. Ces requêtes mettaient Julian hors de lui. Il perdait son self-control et se mettait à vociférer: « Vous aussi, elle vous a embobinée ! Vous ne voyez pas que cette femme est folle et qu'elle est en train de détruire ma magnifique petite fille ! » Il se levait de son siège comme un ressort et quittait la pièce précipitamment. La psychiatre me confia que, dans ces moments-là, elle avait peur de lui.

En désespoir de cause, elle tenta de convaincre Mussari de la toxicité de Julian. Mais celui-ci ne voulait rien entendre. Entre lui et moi, c'était devenu une affaire personnelle. Il voulait ma peau. Il accusa le docteur Richt de manquer de neutralité, d'avoir pris Julian en grippe. Celle-ci lui demanda comment il pouvait avoir une opinion si tranchée alors qu'il n'avait jamais jugé utile de rencontrer l'enfant. Dans la fièvre d'une conversation, Mussari se trahit:

– N'avez-vous donc pas lu le rapport de l'experte ?!

– Non, la mère ne m'en a pas donné la permission. Elle vous l'a donnée, à vous ?

Mussari ne répondit pas, mais je sus qu'il raconta la teneur de cette conversation à Julian car celui-ci nous envoya la lettre suivante peu de temps après:

« *Sur les conseils du coordonnateur parental nommé par le tribunal de New York, David Mussari, je vous demande de bien vouloir mettre un terme à la thérapie que vous administrez à ma fille. Vous m'avez dissimulé des informations essentielles et avez fait de nombreuses fausses affirmations sur ma fille et moi. J'ai pris la décision de mettre fin à la thérapie car vous avez toujours montré une préférence marquée pour la mère de ma fille sans jamais vous rendre compte combien cela était néfaste pour ma fille. Vous avez également négligé de m'entendre, vous n'avez respecté ni ma position de père ni mes avis sur les besoins de ma fille s'agissant de sa santé mentale. Votre partialité et vos manquements professionnels ont exacerbé les symptômes de ma fille.*

«*Je n'ai à ce stade pas le choix. Je porte plainte contre vous au conseil disciplinaire de l'État de New York.*

«*Si vous continuez de soigner Gwendolyn contre mes souhaits, je serai contraint de vous poursuivre en justice. J'espère que vous aurez l'intégrité et l'éthique nécessaires pour entamer une procédure de cessation de traitement avec Gwendolyn. À ce stade, il vous faut accepter le fait que Gwendolyn peut bénéficier de l'expertise d'une des nombreuses thérapeutes très compétentes de New York City, et que vous nous permettiez de tourner la page.*

«*Respectueusement,*

«*Julian Jones*»

Mais Victoria Richt n'était pas du genre à baisser les bras. Elle connaissait bien la personnalité procédurière de ce type de père et ne pouvait se résoudre à abandonner une enfant en danger. Elle ne se laissa pas démonter et répondit donc en ces termes à Julian :

« Cher Julian, je vous ai invité à me rencontrer plusieurs fois, mais vous avez toujours refusé. Je présume que vous avez peur de ce que je pourrais dire. La pire chose que je pourrais vous dire est que vous contribuez aux difficultés de Gwendolyn et que la souffrance qu'elle endure lorsqu'elle est séparée de sa mère ne résulte pas d'une manipulation maternelle.

« J'ai, à de nombreuses reprises, tenté de vous faire part de mes préoccupations. Vous êtes le père de Gwendolyn et êtes donc habilité à mettre unilatéralement fin au traitement (la mère de Gwendolyn n'est pas d'accord) et je me dois de respecter votre choix. Toutefois, la situation est compliquée car je n'ai pas le droit d'abandonner un patient dans le besoin. Je doute que quiconque puisse nier que Gwendolyn doit être suivie compte tenu de ses difficultés émotionnelles. En conséquence, si vous souhaitez terminer le traitement, je vous demanderai de bien vouloir commencer par me trouver une remplaçante que vous serez en mesure de payer. Je suis d'accord avec vous quant au fait qu'il y a de nombreux excellents thérapeutes pour enfant à New York City, mais il faut du temps pour établir une relation de confiance.

Lorsque vous aurez trouvé quelqu'un, nous pourrons alors parler de la manière dont nous allons mettre fin au traitement. Cela ne va pas être facile d'expliquer à Gwendolyn que vous voulez mettre fin au traitement sans susciter beaucoup de colère en elle et sans qu'elle comprenne que cela s'inscrit dans la lutte de pouvoir que vous menez contre sa mère. Je vous promets toutefois que je tenterai de trouver une explication qui n'ait pas de conséquences émotionnelles désastreuses pour vous deux.

«*Dans l'intervalle, je vais demander l'aide d'un juriste pour savoir si je peux parler aux enseignants de l'école de Gwendolyn sans votre autorisation car, sur le plan éthique, je ne peux pas continuer de traiter un enfant sans savoir comment elle fonctionne à l'école. Je ne sais déjà pas ce qu'il se passe chez vous étant donné votre absence de volonté de me parler. Je sais qu'étant donné que vous êtes en guerre contre la mère, vous ne pouvez pas imaginer que je ne suis pas dans son camp, que je me soucie uniquement du bien-être de Gwendolyn. Si vous souhaitez que M. Mussari parle également à l'école, je n'y vois aucune contre-indication.*

«*Cordialement,*

«*Victoria Richt*»

14

Syndrome d'aliénation parentale

Diana Wollenstein était ma troisième avocate. Après les revers subis avec les deux premières, je décidai de faire appel à une avocate féministe, la seule peut-être sur l'île de Manhattan capable de prévenir la catastrophe qui se profilait et d'interrompre momentanément les visites nocturnes de Gwendolyn chez son père, au moins jusqu'à ce qu'elle aille mieux. En un mot, de me sortir de l'ornière où l'incompétence de mes deux précédentes avocates m'avait plongée. Âgée d'une cinquantaine d'années, Diana avait peu d'illusions sur le système outrageusement brutal du divorce accusatoire américain, dans lequel les avocats se métamorphosent en pit-bulls assoiffés de sang, et sont souvent prêts à toutes les compromissions pour gagner.

En vingt-cinq ans d'expérience, elle avait vu passer une multitude de dossiers qualifiés dans le jargon du métier de « hautement conflictuels », qui donnent généralement lieu à des procédures interminables et exorbitantes sur les plans financier (parfois plusieurs millions de dollars) et émotionnel parce qu'un des époux montre une incapacité totale à négocier raisonnablement, et que sa seule motivation est d'en faire baver à l'autre parent, de lui faire payer l'humiliation infligée. Des dossiers comme le mien, en somme.

Les honoraires de Diana étaient bien sûr plus élevés que ceux des deux autres : 450 dollars de l'heure. La procédure nécessitait une provision de 15 000 dollars minimum, et, comme je m'y attendais, elle me précisa qu'il faudrait probablement la réalimenter rapidement « compte tenu de la personnalité difficile de Julian ». La psychiatre de Gwendolyn l'avait briefée. Elle était mère elle aussi, et semblait désolée pour moi.

– Votre dossier est très délicat. Beaucoup d'erreurs ont été commises par mes consœurs. Vous n'auriez jamais dû partager l'autorité légale avec Julian. Julian est un homme terriblement narcissique. Tous les avocats savent qu'on ne partage pas la garde avec un narcissique de son espèce, à moins d'être complètement maso. Ces hommes raffolent des procédures judiciaires qui leur permettent d'exercer leur plus grand talent : proférer de fausses accusations et convaincre les intervenants de leurs dires. Ils y sont donc comme des poissons dans l'eau. Ils excellent dans l'art de manipuler les tribunaux pour détruire les mères psychologiquement en leur prenant leur enfant. Ces pères dévoilent toute l'étendue de leur vilenie au moment du divorce car le divorce accusatoire américain leur permet d'utiliser le mensonge, l'intimidation, le harcèlement, les menaces, la manipulation… Ces hommes sont des Terminator dans la guerre du divorce.

Il me fallut quelques secondes pour reprendre mon souffle.

– Je l'ai compris trop tard, hélas. J'ai très vite eu l'impression d'entrer dans la 4e dimension en divorçant. On dirait qu'ici les faits ne comptent pas. Mais tout de même, ils sont là : la psychiatre de Gwendolyn dit qu'elle a des hallucinations parce qu'elle a peur de son père et de sa belle-mère et Julian la révoque parce qu'il veut qu'elle dise que c'est moi qui suis la cause de ses troubles.

– Julian dira que la psychiatre est partiale, et vous savez combien il est convaincant, il ressortira le rapport de McCaine, Mussari prendra position contre vous. Un juge pourrait penser que vous faites de l'aliénation parentale. Le risque est grand…

– Oui, j'ai entendu parler de l'aliénation parentale. Mais cela veut-il dire que je dois attendre que Gwendolyn aille plus mal ? Que Julian se débarrasse du docteur Richt ? Qu'il en trouve un autre qu'il manipulera contre moi comme il l'a fait avec Mussari et McCaine ? Et… qu'il obtienne la garde exclusive ?

Cette pensée me glaça. J'avais l'impression de manquer d'air.

– Non, bien sûr, Caroline, mais je pense qu'il faut avancer à pas de loup. Vous ne pouvez pas vous permettre de demander l'autorité exclusive au risque d'exaspérer le juge et de tout perdre. Je vous conseille de demander l'autorité médicale pour commencer, en vous basant sur le fait que Gwendolyn va mal, très mal, psychologiquement, mais que Julian refuse de la faire soigner parce qu'il place ses propres intérêts avant ceux de son enfant, en l'occurrence sa détestation de la psychiatre de Gwendolyn. Il faut être modeste et avancer progressivement, de crainte de tout perdre. Nous demanderons aussi l'interruption temporaire des visites nocturnes chez son père, jusqu'à ce qu'elle aille mieux, le maintien de la psychiatre dans ses fonctions et la nomination d'un nouveau coordonnateur parental. Je pense que ça, nous pouvons le demander sans trop de risques, mais nous ne pouvons pas parler des maltraitances sans certificat médical, et même lorsque j'ai un certificat médical, j'avance toujours avec la plus grande prudence... Je ne veux pas que vous vous retrouviez dans un centre médiatisé avec deux heures de visite par semaine.

– Deux heures par semaine ? répétai-je, abasourdie.

– Oui, si le juge décide de vous punir car il pense qu'il y a un SAP. Il peut ordonner ce qu'on appelle des visites « pay-per-view ». Ces visites payantes ont lieu dans des centres, en général deux heures par semaine, et il faut payer plusieurs centaines de dollars par heure pour voir son enfant...

– Mais c'est carrément de la science-fiction ! Comment une mère inquiète et sincère qui tente de protéger son enfant peut-elle finir avec des visites payantes ?

– Je sais, Caroline. C'est un scandale. C'est pourtant le cas de certaines de mes clientes. Le mouvement de défense des pères a gagné beaucoup de terrain aux États-Unis avec la théorie de Richard Gardner sur le SAP. Les juges et autres experts américains sont formés pour penser que lorsqu'une mère invoque des violences paternelles, c'est une mère «aliénante», qui tente d'éloigner l'enfant de son père. Beaucoup de juges punissent la mère en lui enlevant la garde. Nombre de pères qui font partie de ce lobby sont des types méprisables, extrêmement narcissiques, des psychopathes, qui ne reculent devant rien pour en découdre avec leurs ex. Ces hommes misogynes ont noyauté la justice, les associations de pères, la protection de l'enfance, la psychologie et même la psychiatrie aux États-Unis. Ces types ont une vision paranoïaque de la société, ils sont persuadés d'être les victimes des femmes, alors, pour eux, tout est bon: fausses accusations, endoctrinement de l'enfant... Une de mes clientes était mariée à un policier qui s'était volontairement blessé pour accuser son ex et lui prendre son enfant.

– Quoi ? Que s'est-il passé ?

– J'ai pu prouver que c'était lui qui s'était poignardé. La mère a fini par obtenir la garde des deux enfants en bas âge, mais elle a fait un séjour en prison. Le juge lui avait en outre imposé l'interdiction de parler de son affaire sur les réseaux sociaux, ce à quoi elle n'avait pas obéi, ce qui a augmenté sa peine de prison... Une affaire compliquée, mais somme toute banale.

J'avais l'impression de marcher au bord d'un précipice. Diana réfléchissait. Elle poursuivit.

– Il y a quelque chose que vous devez savoir : nous, les avocates féministes américaines, nous nous livrons à un exercice d'équilibriste quand une mère dénonce des violences paternelles. Il faut les dénoncer… sans vraiment le faire car les juges détestent les mères aliénantes qu'ils sanctionnent durement… L'aliénation parentale est une véritable psychose aux États-Unis. Les juges la voient partout, surtout là où elle n'est pas. Les experts aussi. Tout cela est bien sûr entre vous et moi.

J'étais époustouflée. Je ne supportais plus d'entendre parler du SAP ou d'aliénation parentale.

– Mais toutes les mères ne sont pas aliénantes, et tous les pères ne sont pas des enfants de chœur. Il suffit de regarder les statistiques de la violence conjugale. Comment pouvez-vous défendre les femmes dans des conditions pareilles ?

Diana se contenta de hausser les épaules. Elle réfléchissait toujours.

– Dans votre cas, compte tenu de vos antécédents avec les tribunaux et de la personnalité de Julian, nous devons seulement dire deux choses au juge : premièrement, Julian est incapable de garantir la santé médicale de Gwendolyn. La preuve : il révoque la psychiatre alors que l'enfant est au plus mal. Deuxièmement, vous lui manquez trop et c'est ce qui cause ces hallucinations. Nous ne pouvons pas évoquer les autres maltraitances. C'est trop risqué. Le juge pourrait penser que vous avez manipulé l'enfant. S'il le pense, vous perdrez votre fille.

J'avais envie de hurler. Comment allais-je protéger ma fille si je ne pouvais même pas évoquer les maltraitances psychologiques de son père ?

– Caroline, je connais tous les juges des tribunaux. Si on tombe sur le mauvais magistrat, je retirerai immédiatement ma requête. Comme ça, pas de risques. Qu'en pensez-vous ?

Diana me tendit la boîte à mouchoirs qui se trouvait sur son bureau.

Tremblante, j'acceptai après quelques secondes d'hésitation. Que pouvais-je faire d'autre ?

*

Le docteur Richt, citée à comparaître par mon avocate, attendait déjà dans le couloir vétuste du tribunal de la cour suprême de Manhattan lorsque j'arrivai, accompagnée de Diana, à 8 h 45. Julian et son avocat n'étaient pas encore là. Notre requête allait être jugée par le juge Trooper, le seul pour qui Diana avait « un certain respect », ce qui me redonnait un peu confiance. Comme prévu, nous ne demandions que l'autorité médicale exclusive et le maintien du docteur Richt dans ses fonctions. Le but était de ne pas effaroucher le juge Trooper, susceptible de voir en moi une « de ces mères aliénantes » auxquelles les tribunaux américains livraient une véritable chasse aux sorcières. Nous nous saluâmes brièvement, les yeux braqués sur le bout du couloir où je m'attendais à voir Julian débarquer avec son avocat d'une minute à l'autre. Pour la première fois depuis des années, je comprenais que l'ennemi contre lequel je devais me battre était bien plus redoutable que je l'avais imaginé : outre un père malveillant et vindicatif, qui tentait de m'abattre par tous les moyens à sa disposition, il fallait aussi composer avec un système judiciaire cupide, manipulé par les lobbies de défense des pères, qui faisait la part belle à des avocats prêts à tous les coups bas pour gagner. Les dés étaient pipés et les tribunaux de famille prenaient de plus en plus des allures de corrida où des bêtes affolées, les mères, risquaient d'être mises à mort.

À l'autre bout du couloir, Julian apparut soudain, tout sourire, fringant dans un costume particulièrement bien coupé et un élégant pardessus, son incontournable mallette à la main droite. À côté de lui, Jeffrey Roth, qu'il appelait maintenant « Jeff », faisait piètre figure, et je me souvins qu'un juge avait une fois interpellé Julian pensant que l'avocat, c'était lui. Présent aux côtés de Julian depuis le début de mes déboires judiciaires, Roth me terrifiait. J'évitai donc autant que possible de le regarder afin de ne pas me décomposer. Diana se dirigea vers lui pendant que je restais avec le docteur Richt. Roth lui fit signe de le suivre dans un lieu plus discret. Julian semblait pour sa part totalement décontracté à quelques pas de nous, il textait des messages et souriait ostensiblement en les lisant. Le docteur Richt me regarda d'un air médusé. Diana revint quelques minutes plus tard, le visage crispé.

– Le juge a ordonné que nous tenions une « conférence » afin de tenter de trouver un arrangement dans une salle du fond ! Ne vous inquiétez pas, Caroline, les juges rechignent toujours à tenir des audiences. Ils font tout ce qu'ils peuvent pour nous forcer à nous entendre à l'amiable. Surtout, ne dites rien, pas un mot. Vous m'entendez ? Pas un seul mot à Julian même s'il vous insulte ! Je m'occupe de tout !

– Oui…

Cet aparté me paraissait totalement absurde puisque, de toute évidence, aucune conciliation n'était envisageable, mais je savais qu'il fallait nous livrer à ce jeu de faux-semblants, car Diana m'avait bien expliqué que le parent le moins coopératif risquait d'être sanctionné. Cette logique présentait une faille énorme : comment un parent peut-il être coopératif quand il sait que l'autre est néfaste pour son enfant ? Nous nous assîmes donc autour d'une table dans la minuscule salle qui se trouvait derrière le prétoire où officiait le juge Trooper. Julian et son avocat prirent tout naturellement place d'un côté, Diana et moi, de l'autre, et le docteur Richt en bout de table.

– Ce que vous demandez est tout à fait inacceptable pour mon client, commença Roth en regardant Diana. Mon client est un bon père, qui passe beaucoup de temps avec sa fille. Contrairement à ce que son ex-femme raconte, il n'a jamais frappé Gwendolyn, pas plus que son épouse. Il adore sa fille, et sa fille l'adore. C'est un père merveilleux. Il n'y a aucune raison de réduire ses visites.

Le menton levé, Julian se tenait droit sur sa chaise. Il semblait flatté par les paroles de son avocat.

– Ma cliente n'a jamais dit que M. Jones avait frappé Gwendolyn… nous n'allons pas commencer…

– Mon client est catégorique. Gwendolyn lui a dit que sa mère lui demandait de dire que son père la frappait ! cria furieusement l'avocat de Julian.

– Je maintiens que ma cliente n'a jamais dit ça. Nous n'allons pas avancer si nous commençons à égrener des contre-vérités, dit Diana calmement.

– Mon client est convaincu que les hallucinations de Gwendolyn sont fabriquées de toutes pièces par la mère. C'est une énième manœuvre pour priver le père de sa fille.

Je connaissais bien la stratégie de Julian qu'il avait affûtée auprès d'autres intervenants. Son avocat allait nous enfumer avec une litanie de mensonges, et nous allions désespérément tenter de les contrer. Je perdrais mon sang-froid, ma lucidité, ma vitalité, et les vraies questions seraient éludées. Diana était rodée aux tactiques de ces hommes, et bien décidée à ne pas se laisser intimider par ces fausses accusations.

– Je pense que c'est au docteur Richt qu'il appartient de répondre à cette question. Le docteur Richt, ici présente, a déterminé que les problèmes psychologiques de Gwendolyn étaient liés au fait que sa mère lui manquait. Voulez-vous bien nous donner votre point de vue, docteur Richt ?

– Oui. Je suis témoin depuis le début de mes séances avec Gwendolyn du fait que cette enfant a les plus grandes difficultés à se séparer de sa mère. Ce n'est pas extraordinaire, cela arrive à certains enfants très attachés à leur mère. Cela peut arriver avec le père aussi, mais ce n'est clairement pas le cas ici. Elle a récemment développé des problèmes psychologiques aigus puisqu'elle voit maintenant des sorcières pendant la journée alors qu'elle joue, qu'elle lit, etc. J'ai pu moi-même le constater pendant une séance. J'ai pu déterminer que ce que Gwendolyn craint le plus, ce sont les nuits chez son père, loin de sa mère, qui est pour elle actuellement la présence la plus rassurante. Je pense donc qu'il serait nécessaire, pour le bien-être de Gwendolyn, qu'elle fasse une… une sorte de pause et que les visites nocturnes chez son père soient interrompues, momentanément, bien sûr, juste le temps qu'elle aille mieux.

Le docteur Richt avait répondu d'une voix douce et assurée qui ne trahissait aucun parti pris. Je sentais aussi qu'elle faisait tout son possible pour ne pas froisser Julian. Mais Roth n'était pas impressionné. L'expression de Julian avait changé : la mâchoire serrée, la pupille rétrécie, son visage s'était fermé.

– J'ai ici des photos récentes de Gwendolyn avec son père et sa belle-mère. Regardez, c'est une enfant souriante, épanouie chez son père. Cette enfant adore son père. Comment imaginer qu'elle n'ait pas envie de passer du temps avec lui ?

– Les photos ne prouvent rien. Les enfants vivent dans le moment présent. Ils peuvent bien être très heureux au moment où sont prises les photos et malheureux le reste du temps. Certains enfants gravement maltraités montrent des visages heureux à certains moments, répondit le docteur Richt.

Elle fut interrompue par un Roth furibond.

– Votre cliente n'a eu de cesse de priver ce père de son enfant. À court d'imagination, elle a demandé à Gwendolyn de prétendre qu'elle voyait des sorcières à cause de son père pour parvenir à le priver de sa fille ! Cette femme est obsédée par l'idée d'éloigner sa fille de son père ! Cela s'appelle de l'aliénation parentale ! Et aux États-Unis c'est très grave et très sévèrement réprimé. Vous allez perdre totalement la garde de votre fille si vous continuez comme ça ! hurla l'avocat de Julian en me regardant avec hostilité.

Le terme était donc lâché. Comme un épouvantail, le SAP visait à me faire reculer. Et, de fait, quelque chose au fond de moi semblait plier sous les accusations de Roth.

– Mais je ne veux pas priver Julian de sa fille… Je veux juste que Gwendolyn aille…

Je fus interrompue par Diana dont la main me serrait fermement le bras.

– Ne dites rien, Caroline, je vous en supplie. Je m'occupe de tout, dit Diana. Il ne s'agit aucunement d'aliénation parentale. Le docteur Richt ici présent peut d'ailleurs le prouver. C'est une professionnelle de la santé mentale qui a une expérience de trente ans et est particulièrement respectée dans son domaine… elle est formée à détecter le SAP.

– Le docteur Richt est l'alliée de votre cliente ! Depuis le début, elle adhère à son discours mensonger et tente de réduire les visites de mon client. Ce dernier ne tolérera pas qu'une professionnelle de la santé mentale qui lui est aussi hostile s'occupe de la santé mentale de sa fille. Il va demander qu'elle soit révoquée de ses fonctions !

Roth semblait enragé tout d'un coup. On aurait dit qu'il s'agissait de son propre enfant. Je sentais ses yeux braqués sur moi et continuais de fixer un point du mur délabré afin de ne pas le regarder, mais je ne pus m'empêcher de tourner mon regard vers lui et nos yeux se croisèrent. Une expression de dégoût marquait son visage. Mon cœur s'affola un peu plus.

– Votre cliente a présenté une requête odieuse, fondée sur la manipulation et le conditionnement de longue date de l'enfant de ce couple. C'est méprisable de la part d'une mère qui dit aimer son enfant. Le coordonnateur parental, M. Mussari, n'était pas dupe d'ailleurs. C'est la raison pour laquelle votre cliente veut s'en débarrasser, elle ne supporte pas sa clairvoyance ! Mon client demande la garde exclusive pour cause d'aliénation parentale, il n'a pas le choix !

– Eh bien, qu'il le fasse ! Il n'a absolument aucune preuve dans ce sens. Ma cliente ne recherche qu'une seule chose : voir sa fille aller mieux.

– C'est monstrueux de la part d'une mère ! Je ne sais pas comment vous osez dire que vous aimez votre enfant alors que vous faites tout pour l'éloigner de son père, au point même que vous demandez à votre enfant de manger vos cheveux !

Jeffrey Roth se leva soudain et fit signe à Julian de le suivre. Celui-ci s'exécuta sur-le-champ, docilement.

J'étais liquéfiée et j'avais le plus grand mal à contenir mes larmes. L'épisode des cheveux avait déjà été utilisé contre moi et Julian n'avait pas l'intention d'y mettre fin. Roth était lui aussi persuadé que j'étais le monstre que Julian lui avait décrit et peut-être était-ce ce qui me choquait le plus : le pouvoir de persuasion de Julian. Le docteur Richt et Diana étaient toujours assises, elles furent stupéfiées en entendant soudain le rire jovial de Julian dans le couloir. Ce rire me semblait surréaliste. Il ne collait pas avec la gravité de la situation. Diana haussa les épaules. Elle était visiblement lessivée.

– Je savais que cette séance serait une perte de temps et d'énergie. Mais là, chapeau ! Julian a bien choisi son avocat ! Jeffrey Roth est aussi agressif que lui, un vrai roquet. Allez, Caroline, nous allons maintenant faire part de tout cela au juge Trooper et on va voir ce qu'il pense, lui, du fanatisme de ces deux hommes, dit-elle en soupirant.

Ce soupir ressemblait à un aveu d'impuissance.

Brun, âgé d'une soixantaine d'années, le juge Trooper était assis dans un box en hauteur près du drapeau américain. Le sceau officiel de la présidence américaine avec son aigle trônait sur le mur derrière lui. Nous nous assîmes en face de lui, mais Diana demanda au docteur Richt de rester au fond du prétoire. Elle devait attendre d'être appelée. Le juge Trooper leva brièvement la tête pour nous regarder et se replongea aussitôt dans la lecture des requêtes fournies par nos avocats, la main gauche sur le menton. Il tournait les pages des conclusions d'un air agacé, en pensant sans doute « encore un de ces satanés couples ». Il lui fallut au moins cinq minutes pour mener à bien sa lecture, puis il regarda tour à tour nos avocats, assis aussi sagement que des premiers de la classe.

– Bonjour à tous. Je crois comprendre qu'il n'y a pas eu d'accord entre vos clients. Maître Wollenstein, vous avez demandé à ce que la psychiatre de l'enfant, le docteur Richt, soit citée à comparaître, n'est-ce pas ?

– Oui, votre Honneur. Son témoignage est capital pour comprendre la situation de l'enfant...

– Objection, votre Honneur. Il y a un conflit d'intérêts. Mon client a appris que la baby-sitter employée par la mère de l'enfant a également été employée chez la mère de la psychiatre. Elle y fait des ménages ! interrompit Roth.

Diana sembla prise de cours. J'étais abasourdie. C'était vrai, Mary avait fait quelques ménages chez la mère du docteur Richt, une femme âgée de 80 ans. Gwendolyn le savait et avait dû le dire à son père. Le juge se tourna vers moi.

– Est-ce vrai ?

– Oui..., répondis-je, terrorisée par les sanctions encourues en cas de fausse déclaration.

– Objection retenue. Le témoignage de la psychiatre de l'enfant ne sera pas pris en compte car il est vicié. Je vois ici maintenant que M. Jones a unilatéralement révoqué le docteur Richt... alors que l'enfant souffrirait d'hallucinations...

La tête toujours baissée, il feuilletait prestement la requête de Diana.

– Il semble que M. Jones ait écrit une lettre menaçant le docteur Richt d'intenter une action en justice contre elle si elle continuait à soigner sa fille… Je n'aime pas le ton de cette lettre, monsieur Jones… L'enfant souffre d'hallucinations, le docteur Richt ne peut donc pas abandonner l'enfant sous prétexte que le père ne l'apprécie pas…, dit le juge Trooper en regardant Julian dans les yeux.

– C'est tout à fait juste, votre Honneur, répondit Julian de sa voix la plus douce, soudain repentant.

– Votre Honneur, M. Jones a longuement conféré à ce sujet avec l'ancien coordonnateur parental, M. Mussari, qui était tout à fait d'accord pour révoquer le docteur Richt, expliqua Roth.

– Mais la question du docteur Richt n'était pas soumise à l'avis du coordonnateur parental puisque la psychiatre était nommée par la cour. Le père l'a ensuite chaudement approuvée, coupa Diana.

Je retenais mon souffle. Le docteur Richt était pour nous une bouée qui nous empêchait de sombrer.

– Hum… M. Mussari est un excellent coordonnateur parental particulièrement apprécié par ce tribunal. Mais je vois que la psychiatre soigne l'enfant depuis trois ans déjà… je n'aime pas cette lettre de menaces, monsieur Jones, mais alors pas du tout.

– Je suis désolé, votre Honneur, répondit Julian d'un air de plus en plus contrit.

– Je vois ici que vous ne versez pas de pension alimentaire et vous déclarez être un « chanteur internationalement connu »... hum... Moi, je ne vous connais pas et, pourtant, je connais le monde de la musique... Enfin, passons. Mais vous arrivez ici habillé comme un prince, avec votre Blackberry à la main, et vous versez la même pension que les chômeurs du Bronx ?!... Vous trouvez ça normal ?

– Votre Honneur... C'est... le juge Drager qui a décidé que je ne verserais pas de pension pour... punir mon ex-femme de m'avoir accusé d'attouchements sur ma fille, répondit Julian.

C'était un mensonge éhonté, et je m'apprêtai à prendre la parole pour contester, mais Diana me fit taire en posant la main sur mon bras.

– Je doute que cette version des faits soit crédible, votre Honneur. Quel juge punirait l'enfant pour les méfaits de la mère ?

À ma grande surprise, le juge se contenta de hocher la tête. Il s'était replongé dans sa lecture, totalement stoïque face au mensonge de Julian, qui donnait pourtant un aperçu de sa personnalité, et souhaitait visiblement mettre fin aussi rapidement que possible à l'audience.

– Il n'y a absolument rien qui prouve ici que le docteur Richt n'a pas accompli un travail admirable auprès de l'enfant. La relation entre l'enfant et son thérapeute est la seule qui compte en ce qui me concerne. Je vous demanderai donc, monsieur Jones, de mettre fin à toute animosité à l'égard du docteur Richt et de la laisser poursuivre sa mission. Je ne vois pas ici de changement de circonstance qui nécessite d'accorder l'autorité médicale à la mère ni de changer les visites de l'enfant. L'autorité conjointe est donc maintenue. J'accepte également de changer de coordonnateur parental puisqu'il ne sert à rien de maintenir en fonction un coordonnateur avec lequel la mère ne peut pas travailler. Mme Sara Weissman remplacera donc M. Mussari. Je vous remercie. Au revoir à tous.

Diana me regarda d'un air désolé. Souriant, Julian sortit de la salle d'un pas allant pendant que je restais assise, prostrée. J'avais l'impression de marcher sur la tête. Le magistrat n'avait même pas jugé utile d'entendre la thérapeute de l'enfant ! Il n'avait aucunement pris la mesure des souffrances de Gwendolyn qui devait continuer d'aller chez son père. Il y avait tout de même un point positif : le maintien du docteur Richt dans ses fonctions, mais, à l'époque, je ne savais pas encore à quel point cela allait influer sur nos vies. Quant à la nouvelle coordonnatrice, Diana m'avait prévenue : il ne fallait me faire aucune illusion.

15

Match nul

Le cabinet de notre nouvelle coordonnatrice parentale, Sara Weissman, était situé le long du parc de Gramercy, un îlot de verdure entouré de fastueux *browstones* décorés de colonnes corinthiennes. J'étais en avance, j'aurais voulu m'oxygéner dans cette enclave verdoyante. Hélas, le parc était uniquement accessible aux habitants fortunés du quartier qui en possédaient la clef, ce qui me rappela les parcs des quartiers huppés du centre de Londres. J'attendis donc debout, un peu à l'écart, de crainte de me trouver dans la salle d'attente avec Julian, et j'arrivai juste à l'heure. Je fus reçue immédiatement. Le cabinet de Weissman, qui était situé dans un bâtiment médical où officiaient plusieurs autres psychologues et psychiatres, était une pièce minuscule dotée d'un ameublement spartiate : une banquette basse et exiguë, deux chaises et un minuscule bureau. Weissman avait manifestement mieux à faire que de consacrer les provisions astronomiques que nous lui versions épisodiquement (400 dollars de l'heure) à la décoration de son cabinet de travail, ce qui donnait une idée du respect qu'elle accordait à ses clients. Julian était déjà installé sur une chaise en face d'elle, à l'autre bout de la pièce. Affable, elle me fit signe, avec un large sourire, de m'installer sur la banquette. Je m'assis le plus en retrait possible de Julian.

– Vous avez une mine superbe ! lâcha-t-elle d'une voix mielleuse.

Âgée d'une cinquantaine d'années, Weissman était difficile à décrypter. Il se dégageait d'elle une sorte de tiédeur onctueuse, désagréable. Elle exprimait avec emphase des émotions qu'elle ne semblait pas réellement éprouver et me faisait penser à un Tartuffe féminin. Assis sur sa chaise comme s'il était installé dans un confortable fauteuil, la cheville droite posée sur la cuisse gauche, les épaules un peu en arrière, Julian m'adressa un chaleureux «*Hi*, Caroline ! » comme s'il s'adressait à une bonne copine. Il s'étalait nonchalamment, et je savais combien cette pose, ce sourire étaient savamment étudiés. Il se déployait physiquement comme pour mieux restreindre mon espace physique et mental. Cela avait au moins l'avantage de me mettre au parfum.

– Bon, eh bien, je pense que Julian souhaite commencer. Si vous n'y voyez pas d'inconvénients, Caroline, je vais demander à Julian de prendre la parole, commença la coordonnatrice parentale, saisissant son stylo et son carnet.

Large sourire. Petit ricanement gêné – je savais qu'il n'en était rien car Julian n'était que rarement gêné dans ces situations. Il était au contraire tout à fait dans son élément, ayant endossé un de ses costumes de scène préférés, celui du super daddy. Julian connaissait son texte sur le bout des doigts.

– Je vous remercie infiniment, docteur Weissman.

Julian donnait du « docteur » à Weissman, comme il le faisait avec Mussari, bien qu'aucun des deux ne soit psychiatre.

– Oui, comme vous le savez, docteur Weissman, cela fait maintenant plusieurs mois que je tente d'obtenir un rendez-vous avec Caroline pour aborder la question grave et urgente de la santé de Gwendolyn. Avant cela, notre ancien coordonnateur parental, le docteur Mussari, a fait tout son possible, en vain… comme je vous l'ai déjà expliqué, docteur Weissman. L'heure est donc grave. Gwendolyn va mal… très mal… Je pense que nous ne parviendrons pas à assurer le bonheur et le bon développement de Gwendolyn si nous ne nous comportons pas comme des adultes matures, prêts à écouter vos conseils avisés. Vous savez, docteur Weissman, combien j'attache d'importance à toutes les recommandations que vous faites…

La machine à fabriquer des mensonges était en marche. Julian, qui me convoquait chez le coordonnateur parental pour un oui ou pour un non depuis des années, s'apprêtait à me rendre responsable de l'état de Gwendolyn. Je sentais la colère m'envahir et mon cœur s'affoler. Je devais rester maîtresse de moi, car peu importait la cause, les provocations de Julian, ce que retiendrait Weissman, c'était mon comportement. Julian ne me ferait pas sortir de mes gonds. Je le regardai avec une expression cordiale et tentai d'afficher autant de douceur que possible.

– Alicha et moi pensons qu'il est urgent de prendre ses choses en main. Nous en avions fréquemment discuté avec le docteur Mussari, qui pensait aussi que les choses risquaient de s'aggraver si elles n'étaient pas parfaitement cadrées du côté de Caroline. L'état de Gwendolyn s'est malheureusement dégradé, comme le prouvent ses hallucinations. Elle fait maintenant face à deux réalités différentes, celle que sa mère lui impose et la vraie réalité, son bonheur indéniable chez nous, que sa mère lui refuse. Caroline ne peut pas le supporter, elle ne peut pas supporter que sa fille soit heureuse avec nous, alors elle lave le cerveau de Gwendolyn pour qu'elle pense qu'elle est triste chez nous. Les hallucinations sont l'expression de son incapacité à faire face à cette autre réalité que sa mère tente d'implanter dans son cerveau de même que Caroline a, comme l'a constaté le docteur McCaine, tenté de lui faire croire que je l'avais sexuellement molestée. Ces hallucinations ont été induites par sa mère !

J'étais incapable de prononcer un son. Les propos de Julian étaient clairement ceux d'un fou, mais Weissman ne semblait pas les trouver choquants. Elle me regardait intensément et Julian me souriait. Je m'accordai quelques secondes supplémentaires et j'inspirai longuement avant de rendre à Julian son sourire. Je ne le laisserais pas faire ce qu'il avait déjà fait avec Mussari et donner de moi l'image d'une mère détraquée, prête à sacrifier sa fille pour se venger de son ex.

– Voyons, Julian, tu sais bien que tout cela est grotesque. Mme Weissman le sait aussi puisqu'elle s'est entretenue avec la thérapeute de Gwendolyn, qui n'accrédite pas du tout cette thèse, dis-je en regardant Weissman, qui semblait soudain gênée. Tout le monde ici sait que Gwendolyn est réellement triste lorsqu'elle va chez son père. Cela ne veut pas dire qu'elle ne t'aime pas, juste qu'elle a peur de toi et d'Alicha.

Weissman était réellement mal à l'aise. Elle ne voulait pas contrer Julian car elle craignait bien sûr de perdre les revenus émanant d'une « famille hautement conflictuelle » dont l'enfant n'avait que 7 ans. Elle pouvait compter sur ces revenus pendant au moins une décennie, une aubaine pour elle. Elle choisit donc, comme tous ses confrères, de rester aussi neutre que possible en nous mettant dos à dos.

– Julian et Caroline, je vous rappelle que nous sommes ici pour avoir une conversation constructive. Que pouvons-nous faire concrètement pour venir en aide à Gwendolyn qui se trouve actuellement dans une situation particulièrement difficile ?

Julian voyait que son stratagème ne fonctionnait pas puisque je restais totalement calme. Il passa donc à la vitesse supérieure et invoqua le nom de McCaine.

– Je suis venu avec deux requêtes : je demande, premièrement, que Caroline cesse enfin de nous harceler pendant les visites de Gwendolyn chez nous.

Il y a deux semaines, elle avait un petit rhume, rien de grave, aucune température. Caroline n'a cessé d'appeler pendant que Gwendolyn dormait. Elle exigeait que je la réveille. Nous avons le droit d'avoir une vie de famille. Parfois, nous ne pouvons pas répondre aux coups de téléphone de Caroline qui veut parler à sa fille. Elle doit nous donner quelques heures pour la rappeler et ne pas réitérer son appel sans cesse comme elle le fait. C'est du harcèlement, une atteinte à notre vie privée. Le docteur McCaine, tout comme le docteur Mussari, a vu clair dans le jeu de Caroline. Son rapport avait bien mis en lumière la dépendance malsaine que Caroline essaie de créer avec Gwendolyn, dit Julian en regardant Weissman avec son sourire charmeur.

Julian venait de marquer un point. L'évocation du nom de McCaine me fit l'effet d'un coup de poing dans le ventre. Weissman était tournée vers moi, les sourcils froncés. Julian me regardait avec une jubilation manifeste. J'avais envie de hurler que tout cela était faux : Mussari, McCaine, les derniers mensonges de Julian. Au lieu de cela, je décidai de rester totalement maîtresse de moi, d'ignorer l'évocation du rapport McCaine. Contrairement à Mussari, Weissman ne l'avait pas lu, car j'avais refusé de lui en donner l'autorisation. Il était hors de question que je la paie 400 dollars par heure pour en faire mon ennemie comme cela avait été le cas avec Mussari. J'inspirai de nouveau très longuement par le ventre, et décidai de parler à Julian comme si je m'adressais à un enfant, ce qui avait toujours le don de retourner la situation et de le mettre hors de lui.

– Voyons, Julian, tu sais bien que je ne peux pas te laisser raconter de tels mensonges, dis-je en souriant et en me tournant vers Weissman. Lorsque Gwendolyn est partie chez son père, le matin, elle avait 39 de température. J'ai été obligée de la laisser partir car Julian a menacé d'appeler la police et je voulais éviter ça à Gwendolyn. J'ai appelé le soir trois fois car j'étais inquiète. Je n'ai pas pu lui parler de la soirée. Comment Julian peut-il dire que j'ai exigé quoi que ce soit puisque je ne lui ai pas parlé ce soir-là ? Où sont donc les preuves de ce que tu avances, Julian ? lui demandai-je aussi calmement que possible.

Weissman acquiesça puis se tourna vers Julian, qui avait posé ses deux pieds au sol, et commençait à s'agiter sur sa chaise. Je venais aussi de marquer un point. Nous étions à égalité. À son grand dam, ses provocations n'avaient aucun effet sur moi. Lui, en revanche, était de moins en moins maître de sa personne.

– Je vais être franche avec vous, je ne peux pas savoir qui dit la vérité. C'est Julian contre Caroline. Qui a raison ? Qui a tort ? Il m'est impossible de le savoir. Je ne peux pas savoir si Gwendolyn est vraiment triste lorsqu'elle est chez son père ou si c'est sa mère qui lui demande d'avoir l'air triste. Je vous rappelle que nous sommes là pour tenter d'améliorer la situation de Gwendolyn, pas pour savoir lequel d'entre vous dit la vérité.

La réalité m'apparut alors dans toute sa noirceur. Weissman, qui s'était pourtant entretenue avec le docteur Richt qui lui avait confirmé que Gwendolyn subissait des maltraitances chez son père, avait décidé de ne pas tenir compte de cet avis. Leur dernière conversation s'était mal passée, la pénétrante docteur Richt ayant sans difficulté pris l'ascendant sur elle. Weissman s'était sentie humiliée. Elle refusait de donner raison d'une manière ou d'une autre au docteur Richt qu'elle s'était mise à détester. Je tentai de mettre Weissman face à ses responsabilités.

– Je ne comprends pas, madame Weissman. Le docteur Richt vous a bien dit que je ne manipulais pas ma fille, n'est-ce pas ? Et que si elle avait des hallucinations, c'est parce qu'elle avait peur de son père et de sa belle-mère, non ?

Weissman me regarda sans répondre. Son visage resta sans expression. Julian reprit l'avantage.

– Comme je l'ai déjà dit, je souhaite tout d'abord que Caroline cesse de nous harceler. Nous formons une famille heureuse et nous avons le droit à notre vie de famille sans recevoir des coups de téléphone intempestifs de Caroline toutes les cinq minutes. Deuxièmement, j'ai déjà fait part de mon mécontentement au docteur Richt, et je vous demande aujourd'hui, docteur Weissman, de nous laisser changer de thérapeute pour Gwendolyn. Il est apparu, et je sais que le docteur Weissman en convient, comme en convenait notre cher docteur Mussari, que le docteur Richt a usurpé ses prérogatives en prenant parti pour Caroline. Elle a, ce faisant, grandement contribué à la dégradation psychologique de Gwendolyn en ne voyant pas quel bon père je suis et combien Gwendolyn a besoin de moi…

Je savais qu'il allait en arriver là et je m'y étais préparée.

– C'est tout à fait hors de question, Julian. Je ne donnerai jamais mon accord, je tiens à ce que Gwendolyn poursuive sa thérapie entamée il y a trois ans…

– Je sais, Julian, que vous ne vous entendez pas avec le docteur Richt. C'est votre droit le plus absolu. Comme je vous l'ai dit, nous ne sommes pas là pour parler de la question du docteur Richt, que nous réglerons le moment venu. Je vous demande concrètement ce que nous pourrions faire maintenant pour aider Gwendolyn à aller mieux. Caroline, vous voulez peut-être faire quelques propositions.

Le sang bouillait dans mes veines. J'attendis donc quelques secondes avant de répondre. J'inspirai profondément en regardant le sol.

– Oui, je voulais effectivement émettre une ou deux propositions. Tout d'abord, le docteur Richt a dû vous dire, madame Weissman, que les hallucinations de Gwendolyn proviennent de la peur qu'elle a d'aller chez son père et sa belle-mère et du fait que je lui manque lorsqu'elle est chez eux. Les séparations sont trop longues pour une enfant de cet âge, dis-je en regardant Weissman sans obtenir de sa part la moindre réaction.

Elle avait décidé de toute évidence de faire comme si elle n'avait jamais parlé au docteur Richt. Je poursuivis.

– Je me disais donc qu'il faudrait que vous interveniez afin que Gwendolyn puisse m'appeler lorsqu'elle le souhaite. Cela la réconforterait. Je propose de lui acheter un téléphone portable…

Julian se redressa sur son siège et se mit à hurler :

– Je ne laisserai pas ma petite fille de 7 ans utiliser un téléphone portable ! Les ondes du portable pourraient endommager ses parties génitales !

L'espace de quelques secondes, Julian s'était métamorphosé : ses yeux exorbités donnèrent à son visage une expression terrifiante. Weissman se retourna vers lui, les sourcils froncés. Je regardai Julian avec ahurissement, persuadée que Weissman voyait la même chose que moi – un déséquilibré –, mais, comme à son habitude, Weissman ne voyait rien. Julian se reprit immédiatement, et poursuivit calmement.

– Tout le monde sait que les portables sont nocifs pour la santé des enfants. Je refuse. Quant aux appels à Caroline, je propose toujours à Gwendolyn d'appeler sa mère, mais elle décline chaque fois car elle s'amuse tellement avec nous qu'elle ne pense même pas à appeler sa mère ! expliqua-t-il en souriant benoîtement.

– Mais comment peux-tu dire ça alors que Gwendolyn est contrainte de passer tous ses appels de ton portable puisque vous n'avez pas de fixe à la maison ? demandai-je immédiatement.

Venais-je de marquer un point ?

– Si elle passe tant de temps sur mon portable, c'est parce que tu la forces à rester au téléphone avec toi alors qu'elle te supplie de la laisser partir ! lança Julian d'un ton accusateur.

J'étais horrifiée. Julian proférait des mensonges de plus en plus hallucinants. Et bien sûr, Weissman feignait de n'y voir que du feu. Elle s'apprêtait à couper la poire en deux – neutralité oblige. Il fallait au moins lui rendre justice sur un point : le travail de cette femme était un véritable exercice d'équilibriste. L'intérêt de Gwendolyn était la moindre de ses considérations. Elle devait sans cesse prétendre que Julian était un bon père, uniquement préoccupé par les intérêts de sa fille. Quant à moi, elle devait me faire croire qu'elle pensait *vraiment* que Julian était un bon père et que nous progressions suffisamment afin de me garder comme cliente. Du grand art. La bienveillance et l'intérêt de Weissman à l'égard de Gwendolyn étaient totalement feints.

– Julian et Caroline, je vous en prie, il faut que nous avancions un peu aujourd'hui. Caroline, je ne suis pas favorable à l'idée du téléphone portable, car je crains que cela ne porte préjudice à la vie privée de Julian et d'Alicha. Je pense en revanche que, compte tenu des circonstances, il importe que Gwendolyn puisse contacter sa mère quand elle lui manque trop. C'est important, Julian, que Gwendolyn puisse parler à sa mère, et je sais que vous en convenez. Elle vous en sera d'ailleurs très reconnaissante, vous savez.

Julian acquiesçait en souriant. Nous étions à égalité. Il regardait Weissman avec un regard émerveillé comme s'il se fut agi d'une œuvre d'art et semblait plein de reconnaissance envers elle. Je connaissais cette tactique redoutable qui lui permettait de se faire instantanément des alliés parmi ses interlocuteurs.

– Merci, docteur Weissman. Je vous suis infiniment reconnaissant. Vous pouvez compter sur moi. Vous savez combien vos recommandations me sont précieuses. Vous vous souvenez de l'autre question importante que nous avons évoquée ce matin au téléphone ?

Weissman adorait les dithyrambes de Julian. Elle se redressa soudain. Oui, elle se souvenait.

– Oui, Caroline. Je dois vous gronder. Ce matin, Julian vous a vu sortir de l'école de Gwendolyn. C'était son jour de visite. Vous n'auriez donc pas dû aller voir Gwendolyn. Il est important pour elle que vous respectiez certaines limites, vous comprenez.

– Je comprends tout à fait, madame Weissman. En fait, ce matin, je suis allée apporter un livre que j'ai retrouvé et dont Gwendolyn pouvait avoir besoin…, dis-je.

Weissman me regarda avec des yeux plissés, suspicieux, pendant quelques secondes. Puis elle sembla tout d'un coup rassurée. Tout était de nouveau pour le mieux dans le meilleur des mondes. Un monde de Bisounours où les conflits parentaux sont modérés, où la vie des enfants n'est jamais en danger, surtout lorsque la mère est celle qui dénonce les mauvais comportements du père. Un monde où, même lorsque l'enfant a peur de son père, la mère doit prétendre que tout va bien. Oui, tout irait pour le mieux dans le meilleur des mondes tant que Weissman et les autres parasites qui gravitent autour des tribunaux aux affaires familiales américains percevront les sommes astronomiques facturées à des parents empêtrés dans une procédure de garde « hautement conflictuelle». Comme Mussari et McCaine, Weissman se nourrissait de ses hôtes, et les affaiblissait de plus en plus. Sans aucune conscience et dans l'insouciance.

– Ah d'accord ! Je comprends ! dit-elle d'une voix aimable, à nouveau souriante.

Je venais de rattraper le coup. Julian gigotait de nouveau nerveusement sur sa chaise. Nous étions de nouveau ex aequo. Je n'étais pas tombée dans le piège de sa provocation, ce qui était déjà un immense progrès par rapport à mes expériences précédentes. Mais cette nouvelle séance n'avait encore servi à rien, car je savais que Julian ne se sentirait aucunement lié à sa parole. Gwendolyn n'avait jamais eu le droit de me téléphoner. Encore eût-il fallu qu'elle ne craigne pas de le demander. Weissman s'enfonça un peu plus dans sa chaise en soupirant d'aise. C'était le signal. Elle allait maintenant nous servir son homélie habituelle. J'avais une migraine carabinée, mais je la regardai avec un sourire figé en pensant que cette séance d'une heure et demie allait m'être facturée au moins 600 dollars. Julian hochait la tête en signe de dévotion.

– Eh bien, je pense que nous avons avancé aujourd'hui puisque nous sommes convenus d'autoriser Gwendolyn à appeler Caroline quand celle-ci lui manque trop. Je dois maintenant vous rappeler des éléments essentiels. Chacun de vous a ses propres points forts qu'il ou elle peut utiliser pour renforcer l'enfant, l'aider à se développer harmonieusement. Aucun parent n'est tout mauvais, tout bon. Parler négativement de l'autre parent à son enfant endommage votre enfant. Je ne dis pas que c'est ce que vous faites, mais si c'est le cas, je vous demande de cesser tout de suite. Vous devez arrêter pour le bien de votre enfant, malgré l'ambivalence que vous pouvez ressentir envers votre ex.

16

Combat mortel

Face à la mer, assise sur un rocher, je contemple, fascinée, l'insecte qui se débat désespérément dans la magnifique toile géométrique tissée entre deux rocs. L'araignée, une épeire diadème, a tellement bien emmailloté sa proie dans ses filets que l'insecte frémissant avec lequel elle semble jouer est méconnaissable, transformé en momie. Soudain, la prédatrice velue se lance dans un ultime assaut. Elle va poignarder sa prisonnière, lui injecter son acide et la dissoudre de l'intérieur. « Maman ! » Je frissonne et tourne mon regard vers le jardin. Gwendolyn avance gaiement vers moi dans la lumière étincelante de l'après-midi. Légère, elle s'approche de moi avec des poupées dans les bras. Des bribes de mots me parviennent aux oreilles : cadeaux, fête d'anniversaire… Je ne peux m'empêcher de sourire en pensant qu'Harmonie aura fêté son anniversaire une douzaine de fois ces derniers jours. Sa poupée a, comme Gwendolyn, un besoin insatiable de célébrer son nouveau bonheur. Et les anniversaires sont son meilleur alibi.

– Toutes les amies d'Harmonie sont arrivées. On peut fêter son anniversaire maintenant ! lance-t-elle d'un ton victorieux en posant ses poupées sur un rocher non loin de moi.

– Bon anniversaire, Harmonie ! dis-je.

– Mais d'abord il faut que tu mettes une jolie robe, ma puce, dit-elle en lui passant adroitement une robe de coton violet assortie au chapeau.

Je la regarde, émerveillée. Elle a posé des couverts sur la table derrière nous.

– Les amies d'Harmonie aussi vont mettre de belles robes… Doucement, je ne veux pas te faire mal au bras…

Je détourne les yeux, incapable de contenir mon émotion. L'attachement de Gwendolyn envers sa poupée, sa délicatesse et son empathie à son égard me rappellent ma relation avec elle, et je me dis parfois que sa poupée, Harmonie, est traitée avec plus de douceur que bien des enfants. Harmonie semble avoir décidé de s'épancher un peu.

– C'est mon premier anniversaire en France et c'est le plus beau de ma vie ! crie-t-elle aux autres poupées de sa voix fluette de poupée.

C'est alors qu'un déclic se produit en moi. Les souvenirs hideux du huitième anniversaire de

Gwendolyn, le dernier célébré à New York, m'assaillent soudain. Nous étions le lundi 4 mars, quelques mois après l'audience présidée par le juge Troooper. Gwendolyn n'avait plus d'hallucinations, mais celles-ci avaient été remplacées par une sorte d'accablement quasi perpétuel, une sorte de spleen indélébile, qui m'inquiétait tout autant et tranchait avec la fillette enjouée et le vigoureux et indomptable bébé que j'avais connus. J'avais dû mobiliser Weissman pendant le week-end car Julian ne voulait pas me laisser exercer mes trois heures de visite à l'occasion de l'anniversaire de Gwendolyn bien que celui-ci soit inscrit dans l'accord de garde (Gwendolyn avait passé le week-end chez moi et Julian refusait de me laisser la voir prétextant que j'avais exercé mon droit de visite le matin avant de l'amener à l'école).

Weissman avait tranché, m'autorisant à garder Gwendolyn après l'école, de 15 heures à 18 heures, pour fêter son anniversaire. Je devais ensuite la ramener chez Julian à Astoria pour y effectuer l'échange habituel. Malgré mes efforts, notre petite célébration et ses cadeaux n'avaient pas égayé l'humeur de Gwendolyn, qui était inquiète à la perspective de retourner chez son père et sa belle-mère jusqu'au mercredi matin. Je savais que Julian était courroucé que Weissman m'ait donné raison, et je craignais sa riposte, d'autant que j'avais été contrainte d'envoyer un e-mail à Alicha quelques jours auparavant pour lui demander de cesser de « malmener » Gwendolyn. En effet, le week-end précédent, Gwendolyn était rentrée, ébranlée, avec des marques de griffures sur les avant-bras, et m'avait confiée d'une voix sans timbre que sa belle-mère, ne supportant pas de l'entendre pleurer, l'avait menacée de la jeter par la fenêtre et traînée dehors en pyjama sous la pluie où elle était restée, accroupie, recroquevillée pendant plusieurs heures. Sa psychiatre et sa pédiatre, qui l'avaient vue le jour même et le jour suivant, avaient constaté les griffures, et chacune avait procédé à un signalement aux services de protection de l'enfance de New York. Sans conviction, sans aucune illusion, car ces services ont la triste réputation d'être totalement incompétents. Ils font sans cesse les manchettes des journaux pour avoir omis de protéger des enfants contre des parents dangereux qui ont fini par les tuer.

Quelques semaines auparavant, Gwendolyn s'était plainte d'énièmes brutalités physiques et morales : Alicha l'avait secouée violemment et projetée sur son lit contre le mur de sa chambre en lui criant qu'elle méritait d'avoir la gorge et les yeux brûlés à l'acide comme les fillettes pakistanaises désobéissantes. Le docteur Richt et moi-même ne pouvions donc que constater, paniquées, que les maltraitances s'aggravaient. J'étais totalement désemparée. J'avais longuement hésité avant d'envoyer cet e-mail à Alicha, d'ailleurs resté sans réponse, car je savais qu'il allait déclencher les foudres de Julian. Julian allait « contre-attaquer », c'était sûr, car mes tentatives pour protéger Gwendolyn seraient perçues par lui et Alicha comme une attaque. Je n'imaginais pas jusqu'où sa colère le conduirait.

Ce jour-là, je la ramenais donc chez son père à Astoria où elle devait fêter son anniversaire. Gwendolyn était de plus en plus agitée dans le métro, et, lorsque nous atteignîmes notre terminus, la 31e Rue, elle se mit à sangloter désespérément. Elle me serrait la main pendant que nous marchions mécaniquement vers notre destination maudite. Ses dents se mirent à claquer et je sentis l'affolement me gagner. Je lui serrai moi aussi la main trop fort, inconsciemment, sans me rendre compte de ma brusquerie, en lui répétant de respirer profondément. Je me mis à trembler de tout mon corps comme si je me trouvais soudain dans une chambre froide. Désemparée et incapable d'avancer, je posai son sac de vêtements, son cartable sur le sol et je m'agenouillai et la serrai dans mes bras en lui répétant les mêmes mots : « Tout va bien se passer, mon petit trésor… Ça va aller… C'est ton anniversaire, ils vont être gentils avec toi… »

Nous restâmes ainsi de longues minutes, collées l'une contre l'autre, au milieu du flot de voyageurs qui nous dépassait d'un pas pressé sans même nous remarquer. Je me levai enfin au prix d'un effort surhumain. « Il faut y aller. Ça va aller », dis-je d'une voix ferme, l'entraînant sur cette route détestée, évitant de regarder son petit visage rougi et gonflé, tourné vers moi.

Je reconnus immédiatement Julian du haut de l'escalier du métro. Il faisait les cent pas en bas tout en parlant sur son téléphone portable, le regard fixé sur le sommet de l'escalier. Son visage s'éclaira dès qu'il nous aperçut, il sourit largement et fit signe de la main à sa fille. Gwendolyn gémit doucement, « Mamaman... », en me plantant les ongles dans la paume de la main. Combien de fois allais-je devoir vivre ce cauchemar ? Nous étions en bas de l'escalier sur le trottoir, incapables d'avancer vers lui.

– Hey *sweetie* ! *Hi* Caroline ! dit-il d'une voix inhabituellement chaleureuse en s'approchant de nous.

Aucune de nous n'eut la force de lui répondre. Je m'apprêtais à lui remettre le sac de vêtements, mais Gwendolyn gémit encore et s'accrocha désespérément à moi, refusant de partir.

– *Happy birthday*, *sweetie* ! J'ai hâte de fêter ton anniversaire ! claironna-t-il.

Je le regardai en tremblant, ne pouvant me résoudre à laisser partir ma fille. J'avais l'impression que ma tête allait exploser. Et si Alicha mettait ses menaces à exécution ?

– Protège ta fille ! Je t'en supplie, protège ta fille ! criai-je soudain, stupéfaite d'avoir prononcé ces paroles.

Julian me lança un regard oblique.

– Je suis le meilleur père au monde. Allez, viens, *sweetie* ! dit-il en attirant Gwendolyn vers lui.

– Mamaman... No... Mamaman... S'il te plaît..., gémit Gwendolyn en s'accrochant à moi.

Elle refusait de me lâcher. Son père se mit à la tirer vers lui, mais Gwendolyn m'étreignait de toutes ses forces. Des passants nous regardaient, étonnés.

– Je suis là, Gwendolyn. Je suis ton père. Ton amie, Irene, est déjà sur le chemin pour fêter ton anniversaire.

Allons-y ! dit-il en entraînant Gwendolyn qui avait finalement desserré son étreinte.

Je la regardai s'éloigner, presque soulagée de pouvoir libérer mes larmes et m'effondrer. Mais Gwendolyn donna soudain un coup sec et se précipita de nouveau vers moi en tendant les bras. Son père la suivit.

– Qu'est-ce qu'il se passe, *sweetie* ? Tu as oublié quelque chose ? demanda-t-il avec une fausse désinvolture.

– Ça va aller, mon amour. Ça va aller…, dis-je en lui caressant les cheveux.

De nouveau souriant, la main droite dans la poche, Julian se tenait près de nous.

– Elle m'a dit qu'elle pleure aussi chez toi pour me voir. Tout cela est bien normal. Je lui manque autant que toi…, dit-il.

– Quoi ? Tu lui dis que tu pleures chez moi aussi ? demandai-je, interloquée à Gwendolyn.

– Oh oui, elle le dit ! Elle le dit tout le temps ! répondit Julian immédiatement.

– Non, maman ! Non, c'est faux, je n'ai jamais dit ça ! dit Gwendolyn en m'étreignant avec une force étonnante pour une fillette frêle de son âge.

– Je sais, mon amour. Je sais que tu ne dis pas ça. Je voudrais tellement que tu puisses le dire… Tout serait tellement plus simple…, dis-je en caressant les cheveux de Gwendolyn, puis en direction de Julian :

– Julian, tu mens, Gwendolyn ne pleure pas avec moi, ce n'est pas moi qui la mets dehors en pyjama sous la pluie…

Soudain, je ne me maîtrisais plus. L'angoisse, qui avait jusqu'ici toujours tenu la colère en sourdine, jaillit soudain, incoercible.

– Tu veux bien nous laisser partir, Caroline ? dit Julian d'une voix forte.

– Non ! Maman, non ! cria Gwendolyn.

– Mais tu ne vois pas qu'elle a besoin de moi en ce moment ?!

– Elle a besoin que tu la laisses être heureuse et que tu la laisses partir ! Je te demande une dernière fois de me laisser jouir de mon droit de visite, répondit Julian en tirant brutalement Gwendolyn qui se détacha soudain de moi.

Entraînée par son père, mon enfant me faisait penser à une poupée de chiffon.

– Mais… tu ne vois pas qu'elle n'est pas heureuse ?… Tu ne vois pas… qu'elle pleure ?… hurlai-je désespérément tandis que les sanglots de Gwendolyn faiblissaient déjà dans le brouhaha de la rue.

Comme je m'y attendais, après la scène qui s'était produite à Astoria, Julian ne me permit pas de parler à Gwendolyn au téléphone le lendemain soir. Il ne répondit même pas à mes appels. J'étais à l'agonie, me demandant en permanence comment allait Gwendolyn, mais je n'osais pas aller à l'école le mardi matin. Je savais que Julian m'y guetterait.

Gwendolyn me sauta dans les bras à la sortie de l'école le mercredi. Quel soulagement de la retrouver ! Je m'étais inquiétée pour rien, son séjour s'était bien passé ! L'espace de quelques secondes, je me surpris à rêver de normalité, et peut-être même de bonheur. Gwendolyn était plus gaie que d'habitude car Julian et Alicha lui avaient offert la voiture de Barbie, une décapotable rose, et elle avait réussi à éteindre en une seule fois toutes les bougies de son gâteau d'anniversaire qu'elle avait fêté en compagnie de ses amies d'Astoria, Irene et Philia. Il y avait une autre raison à sa gaîté. Sa classe se préparait à partir en voyage scolaire dans le nord de New York, à Greenkill, le premier voyage scolaire de sa vie, un véritable rite de passage. Elle jacassait sur le chemin du cabinet du docteur Richt, et je me rassasiais de son bonheur. Je la contemplais tant que je trébuchais plusieurs fois, m'affalant presque sur les trottoirs new-yorkais. Gwendolyn éclatait de rire et je respirais de manière plus fluide, je relevais le torse et je hâtais le pas. Le bonheur pour moi était si simple et si compliqué à la fois. Il me suffisait de la voir sourire, rire de nouveau pour retrouver un peu de mon ancienne joie de vivre. C'était comme si je ne vivais que par à-coups, pour ces moments de grâce pendant lesquels je posais de nouveau les yeux sur elle. Comme si son bonheur avait le pouvoir de recoller les fragments d'une mère brisée par les souffrances de son enfant. Une enfant qui savait obscurément que j'étais brisée puisque, chez son père, le soir dans son lit, elle appelait à son chevet les fées, ces « morceaux de maman ».

Soudain, Gwendolyn s'arrêta de marcher et se blottit dans mes bras. Elle voulait me faire un câlin.

– Maman, tu m'aimeras toujours, hein ?

– Mais oui, bien sûr, mon amour !

– Parce que moi, maman, tu sais, je t'aime plus, beaucoup plus, que les autres petites filles aiment leur maman !

Les yeux humides, je la serrai contre moi, et de nouveau l'optimisme me gagnait. Nous survivrions bien encore quelques années jusqu'à son adolescence. Que pourrait faire Julian contre une ado ? – j'avais déjà tenu tant d'années, je pouvais bien tenir encore quelques années de plus ! Au moins, j'étais à ses côtés pour l'accompagner dans sa souffrance.

Les cris d'excitation de Gwendolyn me sortirent brutalement de ma rêverie. On venait d'arriver chez Modell's, le magasin d'articles de sport situé sur la 3e Avenue et la 87e Rue, où il était convenu de lui acheter le sac de couchage dont elle rêvait pour son voyage scolaire. Gwendolyn était terriblement excitée à l'idée de partir avec sa classe loin de ses parents. Il fallait donc préparer soigneusement cette excursion historique en lui achetant ce dont elle avait besoin. Gwendolyn choisit un sac de couchage rose fuchsia rembourré et douillet, un mini-oreiller, un sac à dos pour enfant et une gourde de la même couleur. Consommatrice en herbe, elle était folle de joie de s'être procuré cet équipement dernier cri. Tous ses soucis semblaient de nouveau derrière elle et sa joie était contagieuse.

Dès que la porte de notre appartement s'ouvrit, Gros Câlin se précipita vers nous en miaulant.

Gwendolyn le prit aussitôt dans ses bras. « Oh oui, tu m'as manqué, mon bébé Gros Câlin ! J'ai tellement pensé à toi, mon Gros Câlin ! » Comme à chaque retour, elle s'assit sur le canapé et le posa sur ses genoux pour mieux le caresser. Je m'assis moi aussi, un peu en retrait. Nous restâmes ainsi pendant deux heures, heureuses d'entendre Gros Câlin ronronner sous nos caresses. Je rassemblai les affaires de Gwendolyn pour son voyage scolaire : son mini-oreiller, sa trousse de toilette, son pyjama, un peignoir de bain, lorsque que la sonnerie du téléphone nous fit tressaillir. C'était Julian, bien sûr. Je tendis le combiné à Gwendolyn, qui le prit et commença aussitôt à lui énumérer ses dernières acquisitions. La sonnette se mit alors à retentir. J'appuyai sur le bouton de l'Interphone et répondit :

– *Yes*.

– C'est la police de New York. Ouvrez cette porte !

Je n'étais pas sûre d'avoir bien compris.

– Excusez-moi... C'est qui ?

– La police de New York. Ouvrez cette porte !

J'appuyai sur la touche d'ouverture de la porte d'entrée sans réfléchir, persuadée qu'il y avait une erreur. La police n'avait rien à faire chez moi. Debout devant la porte, déconcertée, je regardai Gwendolyn qui s'extasiait toujours sur ses achats au téléphone. Le martèlement sur la porte me sortit de ma torpeur. Deux policiers en uniforme se frayèrent un chemin dans le salon. L'un d'eux tenait un document dans la main gauche.

– Vous êtes bien Caroline Bréhat ?

– Oui…, répondis-je, éberluée.

– Nous sommes venus vous remettre une ordonnance de protection contre vous délivrée par le tribunal du Queens en vue de la protection de M… Julian… Jones. Vous n'avez pas le droit de le contacter. Si vous le contactez d'une manière ou d'une autre, vous serez automatiquement arrêtée par la police.

Je le regardai, hébétée, tentant de faire sens de cette situation grotesque. Gwendolyn était toujours au téléphone avec son père, mais elle ne parlait plus, elle me fixait d'un air inquiet.

– Qu'est-ce qu'il y a, maman ?… Qu'est-ce qu'il y a ?… Daddy ! Des policiers sont entrés dans notre maison ! Ils ont dit qu'ils arrêteraient maman si elle…, cria Gwendolyn au téléphone.

– Vous êtes convoquée au tribunal du Queens le 18 avril 2013. Voici le document, madame. Je vous souhaite une bonne journée, dit un des policiers avant de refermer la porte de l'appartement.

– *Bye*, daddy… *bye*…, dit Gwendolyn avant de raccrocher brusquement et de se précipiter vers moi.

Je fixai le document sans parvenir à en lire un mot. Aucun son ne sortit de ma bouche. J'avais l'impression que j'allais défaillir d'une seconde à l'autre. Chancelante, je fis quelques pas et je m'affalai sur le canapé.

– Maman ! Maman ! Qu'est-ce qu'il y a ? Dis-moi ! me demanda Gwendolyn en m'entourant de ses petits bras.

– Attends… Attends… Il faut que je comprenne… Je ne comprends pas…, dis-je en tentant de déchiffrer ce qui était écrit.

Je fis un effort surhumain pour rendre les mots figurant sur le document intelligibles.

« *TRIBUNAL AUX AFFAIRES FAMILIALES DE NEW YORK – COMTÉ DU QUEENS*

INFRACTION FAMILIALE DE CAROLINE BRÉHAT (DÉFENDERESSE) CONTRE JULIAN JONES (PLAIGNANT)

AU NOM DU PEUPLE DE L'ÉTAT DE NEW YORK

« *Vous êtes convoquée devant ce tribunal le 18 avril 2013 pour vous défendre et être traitée conformément à la loi de New York.*

« *Si vous ne vous présentez pas au tribunal, un mandat d'amener sera délivré contre vous.*

« *Je, soussigné Julian Jones, déclare que :*

« *La défenderesse a commis les infractions familiales suivantes contre moi : tentative d'agression, agression aux deuxième et troisième degrés, harcèlement aggravé au deuxième degré, harcèlement aux premier et deuxième degrés, troubles à l'ordre public, menace aux deuxième et troisième degrés, mise en danger de la vie d'autrui, harcèlement, délit, agression sexuelle aux deuxième et troisième degrés, infraction sexuelle, attouchement forcé, obstruction criminelle de la respiration et de la circulation sanguine.*

« *L'incident le plus récent s'est produit le 4 mars sur la 30ᵉ Avenue à Astoria. Le plaignant affirme ce qui suit : Après m'avoir envoyé de nombreux e-mails de harcèlement, la défenderesse m'a menacé et insulté en public. Elle a crié sur moi sans la moindre provocation en présence de l'enfant. De nombreuses fausses accusations ont été portées contre moi. Des dizaines de personnes étaient témoins de l'incident que j'ai enregistré. Il y a plusieurs années, la défenderesse m'a faussement accusé de l'avoir violentée, ce qui m'a causé un traumatisme inimaginable. À de nombreuses occasions depuis notre rencontre, la défenderesse m'a frappé, griffé, elle m'a séquestré et m'a empêché de partir. Je détiens un enregistrement de sa dernière attaque contre moi.*

« *ORDONNANCE DE PROTECTION TEMPORAIRE*

« *NE PAS OBÉIR À CETTE ORDONNANCE ENTRAÎNERA OBLIGATOIREMENT VOTRE ARRESTATION, DES POURSUITES PÉNALES À VOTRE ENCONTRE QUI POURRONT ENTRAÎNER VOTRE INCARCÉRATION POUR UN MAXIMUM DE SEPT ANNÉES ET/OU DES POURSUITES À VOTRE ENCONTRE DE LA PART DU TRIBUNAL AUX AFFAIRES FAMILIALES ET UNE INCARCÉRATION POUR UN MAXIMUM DE SIX MOIS POUR OUTRAGE À MAGISTRAT.*

« *Une requête a été déposée au titre de l'article 8 de la loi sur les tribunaux aux affaires familiales et le bien-fondé de cette requête a été établi sans que Mme Caroline Bréhat ne soit présente au tribunal.*

« *Il est donc demandé à Mme Caroline Bréhat :*

De rester loin :

a) du domicile de Julian Jones qui exerce des droits de visite ordonnés par le tribunal ;

b) du lieu de travail de Julian Jones qui exerce des droits de visite ordonnés par le tribunal.

«*De s'abstenir de toute communication ou de tout contact par voie postale, téléphone, e-mail, ou tout autre dispositif électronique avec Julian Jones.*»

Gwendolyn se tenait toujours près de moi. Elle m'embrassait et me caressait les cheveux, exactement comme je le faisais lorsqu'elle allait mal. Tout d'un coup, tout s'éclaira dans mon esprit. Mais oui, bien sûr, Julian m'accusait de violences contre lui pour obtenir la garde de Gwendolyn ! De nouveau hébétée, les yeux fixes, je répondis lentement mais mes phrases me paraissaient inintelligibles.

– Ton père m'accuse de l'avoir frappé pendant notre dernière rencontre... Il veut toujours obtenir la garde exclusive et... je crois bien qu'il... va... finir par y arriver, Gwendolyn...

Gwendolyn se mit à hurler «NON !!!» et son cri me sembla interminable. En état de sidération, je n'avais pas la force de m'approcher pour la réconforter. Combien de temps restai-je ainsi, hagarde ? Je l'ignore. Ce n'est que longtemps après, en sentant le petit corps chaud et frémissant de Gwendolyn allongé sur le mien, que je réussis à la prendre dans mes bras. La sentir de nouveau contre moi réveilla quelque chose d'archaïque, de profond. Nous pleurâmes, enlacées, serrées l'une contre l'autre.

Lorsque j'eus de nouveau la force de me lever pour nous coucher, je vis que Gwendolyn s'était endormie dans mes bras. Le sol de l'appartement était jonché de dizaines de feuilles de papier, les feuilles d'un des cahiers d'école de Gwendolyn déchirées avec rage. Deux mots figuraient sur chacune d'entre elles « BAD DAD ! » Aucune n'avait été repliée et refermée.

17

Effondrement

La mer est basse et la baie de Saint-Efflam, inondée de soleil, semble presque irréelle. Derrière moi, Gwendolyn s'affaire toujours avec ses poupées. Je l'entends soudain murmurer d'une voix plus forte qu'à l'habitude : « Ne vous inquiétez pas, mes chéries, il ne vous arrivera rien. On est en sécurité maintenant », et mes yeux s'emplissent de larmes.

Le printemps 2013, avec la menace permanente que constituait l'ordonnance de protection contre moi, fut une période tellement sombre et confuse que mon esprit n'en a gardé que quelques bribes de souvenirs épars. Les cris poussés par ma mère, affolée, au téléphone : « Tu ne tiendras jamais toute seule jusqu'à l'audience ! Il te faut quelqu'un ! Ton père va venir passer un mois avec toi. » La colère de mon avocate en apprenant l'existence de cette ordonnance contre moi le lendemain de sa signification, sa conviction que j'avais provoqué Julian : « Caroline, tu ne m'as pas écoutée ! Je t'avais pourtant dit de faire très attention à lui ! Tu te rends compte que tu vas perdre la garde maintenant si tu n'es pas jetée en prison et expulsée du pays sans ta fille avant ça ?! » L'incompréhension, la peur, puis la folie qui menaçaient de m'emporter. Le coup de téléphone à mon chef pour lui dire que j'étais dans l'impossibilité de travailler pendant une période indéterminée. Les efforts colossaux que je devais déployer pour accomplir les gestes les plus simples, les plus anodins de l'existence : me lever, cuisiner, marcher, dormir, manger… La sensation d'oppression de plus en plus insupportable sur ma poitrine. Mon soulagement et celui de Gwendolyn en retrouvant son grand-père à l'aéroport le dimanche suivant, lui dont la présence nous rassurait tant. Le désespoir de mon père me voyant tituber, tremblante, incapable d'ordonner mes pensées et encore moins de les exprimer. Mes hurlements, toutes les nuits, parce que mes cauchemars m'entraînaient dans des prisons dont je ne parvenais pas à m'échapper pour retrouver Gwendolyn qui m'appelait désespérément. Et toujours, toujours dans mon esprit, la même petite voix culpabilisante qui répétait *ad nauseam* : « Bad Dad ! Bad Dad ! »

En obtenant une ordonnance de protection contre ma personne, Julian avait instillé en moi un poison lent : la terreur. La terreur d'être arrêtée, mais, surtout, pire que tout, conséquence évidente de mon arrestation, la peur de perdre mon enfant et de ne plus pouvoir la protéger parce que, après mon arrestation, Julian se débrouillerait pour me faire expulser du pays. Sans Gwendolyn, bien sûr. Puisque Julian avait ourdi cette machination dans le but d'obtenir la garde exclusive de Gwendolyn, pourquoi s'arrêterait-il en si bon chemin ? J'étais persuadée qu'il allait orchestrer une confrontation dans un lieu public afin de me faire arrêter. J'y pensais constamment, jour et nuit. Je me demandais juste où, quand et comment. En excellent joueur d'échecs, il avait toujours deux coups d'avance sur moi.

Marcher dans la rue était une épreuve. Je me retournais sans cesse, hagarde, m'attendant à le voir surgir d'un toit, se jeter sur moi par-derrière, d'un moment à l'autre, ou apparaître à un coin de rue comme un mauvais génie. Mon regard balayait toute la rue lorsque je sortais de chez moi : les passants, les voitures, les taxis, tout était suspect à mes yeux. J'étais constamment sur le qui-vive, victime des mêmes symptômes que Gwendolyn quelques mois auparavant. Et moins je dormais, plus j'allais mal. Mon cœur, parfois, s'emballait d'un coup, sans raison réelle, et je me retrouvais souvent assise dans mon fauteuil, en train de suffoquer, en pleine crise d'angoisse. J'avais l'impression que j'allais mourir sous le poids de cette brique imaginaire sur ma poitrine. L'ordonnance de protection m'avait propulsée aux limites de la folie. J'en étais sûre : Julian allait atteindre l'objectif secondaire qu'il s'était fixé depuis le début, en me séparant de mon enfant, il allait réussir à me rendre folle.

Diana était totalement incapable de me rassurer. Sa stratégie était grotesque, à l'image de toutes les autres tactiques définies par les avocates qui m'avaient précédemment « défendue » et dont le mode opératoire consistait toujours à faire le moins de vagues possible pour ne pas rentrer dans la case décrite par Julian, celle d'une mère aliénante – folle –, une mère qui mérite la pire des punitions, à savoir d'être dépossédée de son enfant. Diana m'affirmait qu'il fallait continuer d'avancer à pas feutrés et ne pas jeter la pierre à Julian, ne pas l'accuser d'avoir proféré de fausses accusations devant un juge, ce qui était pour moi ahurissant. Encore une fois, il fallait éviter de dire la vérité sur Julian.

– Faites-moi confiance, Caroline. La description de Julian, les éléments qu'il apporte sont à mon sens trop vagues pour que l'ordonnance de protection soit prorogée et que les chefs d'inculpation soient maintenus. Il vaut mieux ne pas l'accuser de mensonges de crainte que cela ne se retourne contre vous.

– Mais pourquoi cela se retournerait-il contre moi ?

– Le juge pourrait penser que vous êtes agressive, me répondit-elle, lors d'un entretien express, car le temps de Diana était toujours compté.

J'avais versé à Diana une nouvelle provision de 20 000 dollars en sachant pertinemment qu'il allait, comme d'habitude, falloir la reconstituer. Je devais m'estimer heureuse car l'avocate avait accepté de s'occuper de l'ordonnance de protection à contrecœur, persuadée que j'avais dépassé les bornes en provoquant Julian, craignant que je ne sois devenue indéfendable.

L'audience, qui devait déterminer si l'ordonnance de protection était fondée, et quelles seraient les charges retenues contre moi, initialement prévue le 18 avril, avait été reportée au 26 mai, car Diana était à Paris où elle fêtait ses vingt-cinq ans de mariage. Je dus donc attendre près de trois mois avant de savoir à quelle sauce j'allais être mangée.

J'avais l'impression d'errer dans une autre dimension. Rien ne faisait sens. Premièrement, je n'avais pas agressé Julian. Comment donc espérait-il baser ses affirmations sur un enregistrement qui prouvait le contraire de ce qu'il avançait ? Julian croyait-il à ce qu'il disait (était-il fou, ce qui aurait pu expliquer pourquoi il mentionnait l'enregistrement), ou bien avait-il manipulé la juge, auquel cas il serait obligé de mentir encore en prétextant qu'il avait perdu l'enregistrement ? Je ne l'avais ni frappé ni insulté. Gwendolyn me l'avait affirmé, elle qui avait assisté à la scène et avait une mémoire d'éléphant, mais je ne cessais de repasser la scène dans ma tête comme pour y trouver un maillon manquant. Deuxièmement, comment de simples allégations pouvaient-elles être prises tellement au sérieux que je me voie forcée d'engager une avocate pour me défendre dans un tribunal ? Troisièmement, le plus grotesque était la liste démente de chefs d'inculpation contre moi. On aurait dit qu'en l'espace de cinq minutes je m'étais transformée en combattante de kung-fu, que j'avais bastonné Julian, obstrué sa respiration, sa circulation sanguine, tout cela en accéléré, et que je l'avais même agressé sexuellement dans la rue… Mais alors, où étaient les bleus ? Pourquoi ne les avait-il pas montrés à un policier, à un médecin, comme je l'avais fait moi-même six ans auparavant lorsque Julian m'avait poussée contre un mur et que j'avais obtenu, moi, une vraie ordonnance de protection ? Pourquoi n'avait-il pas de certificat médical ? Je buttais toujours sur les mêmes questions, et la peur, la confusion, les questionnements incessants et l'épuisement faisaient de moi un zombie.

Gwendolyn m'inquiétait de plus en plus. Elle n'était plus la même. Son accablement des mois précédents avait fait place à de l'agressivité et à de l'hyperactivité. Les devoirs étaient devenus une vraie gageure, car, dès que je corrigeais une erreur, elle se fâchait, jetait son cahier par terre, et partait soudain se cacher dans sa chambre en pleurant. Elle s'arrachait les cheveux avec violence. Même son grand-père, qu'elle révérait, ne savait plus comment s'y prendre. Elle criait sans cesse, me tapait, se tapait, pleurait sans raison, et, surtout, ce qui me terrifiait plus que tout, elle s'asseyait au milieu du salon et se mettait à tourner sur elle-même comme une toupie. Elle revenait de chez son père en me disant qu'elle m'avait parlé à travers les tuyaux de la douche et me demandait si je l'avais entendue. Elle hurlait de douleur lorsque je lui répondais « non, je ne t'ai pas entendue » et se taisait ensuite, les yeux dans le vide pendant des heures. J'en arrivais à redouter cette question et à tenter de lui mentir, cherchant désespérément ce qu'elle avait bien pu me dire pour ne pas la décevoir. Elle régressait, et la seule manière de la calmer était de la prendre dans mes bras, de la câliner en lui chantant la berceuse que je lui chantais lorsqu'elle était bébé, « Une chanson douce que me chantait ma maman... ». Mais au fil du temps, cela marchait de moins en moins, et le seul recours était de téléphoner au docteur Richt, qui nous avait autorisées à l'appeler la nuit et les week-ends en cas d'urgence. Elle seule trouvait les mots justes pour désamorcer cette mécanique infernale.

Un soir glacial d'hiver, au retour d'une semaine de vacances chez son père, quelques jours avant son anniversaire, Gwendolyn s'effondra : « Pourquoi ne m'as-tu pas appelée, maman ? » « Je t'ai appelée, mais ton père ne voulait pas décrocher ! » Je scrutais son petit visage, ses yeux, et j'avais l'impression que quelque chose se flétrissait. On aurait dit que son visage avait vieilli, et que sa voix était usée. Je lui pris la main et caressai sa peau soyeuse comme pour vérifier qu'elle avait conservé sa texture, et je la serrai dans mes bras, mais son corps se raidit.

Ma gorge se noua en entendant des paroles inentendables par une mère. « Chez daddy, j'avais envie de voler... de sauter par la fenêtre... c'est trop dur, maman... Je veux... j'ai envie de mourir ! » Les sanglots qui étaient bloqués dans ma gorge jaillirent soudain. Gwendolyn me serra dans ses petits bras. Elle venait de prendre conscience que dans le paradis où elle voulait partir, il n'y aurait plus de maman, alors, honteuse, elle posa son petit visage mouillé sur mon ventre et murmura : « Pardonne-moi, maman... Pardonne-moi ! Je ne veux pas te quitter ! »

Un soir, après avoir dû téléphoner au docteur Richt pour pouvoir calmer Gwendolyn et la mettre au lit, je surpris mon père en pleurs devant le cahier sur lequel il décrivait jour après jour l'évolution de sa petite-fille. Il avait 74 ans, et tout cela était trop lourd pour lui aussi. Il était là depuis déjà deux mois, et il ne supportait plus son impuissance : il voulait absolument essayer de parlementer avec Julian pour lui faire entendre raison. Le père en lui ne comprenait pas qu'un père puisse laisser son enfant se dégrader ainsi. Il avait bien tenté d'expliquer la situation à la psychologue et au directeur de l'école française, mais ils avaient eux aussi de toute évidence lu le rapport McCaine et ne voulaient pas s'en mêler.

Gwendolyn était chez son père le jour de l'audience. Mon père et moi nous déplaçâmes en métro jusqu'au tribunal de Jamaica, quartier du Queens. Jamaica était initialement un village néerlandais fondé en 1656, appelé Rustdorp, mais le quartier avait connu différentes vagues d'immigration avant d'être appelé « la petite Asie de New York » en raison de sa forte communauté bangladaise.

Le tribunal aux affaires familiales, un bâtiment de pierre et de verre austère, se trouvait juste en face de la bouche de métro. Nous étions en avance et, après être passés à travers le portique de contrôle d'accès, nous nous assîmes non loin du bureau d'information pour y attendre mon avocate. Des mères célibataires étrangères défilaient devant nous pour raconter leurs misères, le plus souvent des violences ou des pensions non payées, et demander des renseignements à une auxiliaire de justice revêche. Les paroles de Diana, habituée à officier à la prestigieuse cour suprême de Manhattan, me revinrent en mémoire : « Cela fait bien longtemps que je n'ai pas mis les pieds dans ce tribunal. J'espère que la juge ne va pas me prendre pour une princesse de Manhattan et nous punir... » Le bonheur de Gwendolyn, sa vie même semblaient tributaires de considérations bien futiles. Tout à coup, une Antillaise replète se planta devant la greffière et commença à se lamenter d'une voix forte :

– Mon ex a obtenu une fausse ordonnance de protection contre moi, je ne l'ai jamais tapé, c'est lui qui me tape, je ne sais pas quoi faire, il veut obtenir la garde des enfants pour ne pas verser de pension...

La greffière lui demanda de se calmer, mais la femme continua de pleurer. Son désespoir faisait mal au cœur, mais la greffière ne semblait pas le supporter.

– Je vous ai demandé de vous calmer ! Allez au bureau des avocats commis d'office si vous voulez être défendue !

La femme, toujours en pleurs, continuait de raconter son histoire.

– Si vous ne partez pas, je demande à l'agent de police de vous passer les menottes ! cria-t-elle à tue-tête.

La femme reprit prestement ses papiers, et décampa comme un animal blessé. J'étais en train de traduire la scène à mon père lorsque Diana apparut, emmitouflée dans un long manteau évasé en laine bleu marine. Elle nous serra la main et nous sourit nerveusement.

– Je n'aime pas cet endroit. Il m'a fallu quarante-cinq minutes pour arriver en voiture, et impossible de trouver une place de parking, dit-elle.

Elle semblait énervée, mais elle se reprit et sourit à mon père qu'elle examina pendant quelques secondes.

– Comme vous ressemblez à votre père ! Bon, il faudrait peut-être y aller ! ajouta-t-elle en se levant sans attendre ma réponse.

Diana nous fit emprunter un escalier et nous emmena dans une salle au deuxième étage. Des dizaines de personnes, des Afro-Américains, des Antillais et des Bangladais, attendaient, assis sur des bancs, les yeux tournés vers les portes des salles d'audience. Mon père, Diana et moi étions les seuls Blancs. Nous nous assîmes un peu en retrait pour être sûrs de voir Julian et son avocat arriver. Mon père se tourna vers moi pour que je lui serve d'interprète.

– Il y a quand même deux questions qui me turlupinent et puisque Diana est là, je tiens absolument à les lui poser. Comment Caroline peut-elle être accusée de tous ces chefs d'inculpation sur la seule base des allégations de Julian Jones ? Et comment une simple altercation verbale peut-elle devenir une multitude de chefs d'inculpation ? Il va quand même falloir qu'elle m'explique le système de justice américain…

Je traduisis ces questions. Diana regarda mon père en soupirant :

– Julian fait comme de nombreux autres hommes violents conseillés par le mouvement de défense des pères. Il exploite une loi élaborée pour protéger les femmes, qui leur permet d'obtenir une ordonnance de protection sur la seule base de leurs dires, sans fournir de preuves immédiatement. Cette loi, à l'origine, est une loi judicieuse, qui a permis de sauver la vie de nombreuses femmes, mais le problème est que les hommes s'en servent pour retourner la situation. L'homme violent se mue en victime et la femme battue en bourreau. C'est ce que Julian tente de faire… pour obtenir l'autorité exclusive de Gwendolyn.

– Mais… C'est insensé… Les juges ne peuvent pas les croire quand même ? Julian est deux fois plus fort que Caroline. Ces hommes y parviennent ?

– Oui.., dit Diana en haussant les épaules d'un air blasé.

Mon père avait le souffle coupé. Il lui fallut quelques minutes pour retrouver son calme.

– Mais… et tous ces chefs d'inculpation, je ne comprends pas…

– C'est toujours comme ça ici. Comme je l'ai dit à Caroline, j'espère que la juge va se rendre compte que tout cela est une tromperie et qu'elle va annuler l'ordonnance de protection aujourd'hui, mais je ne peux faire aucune promesse. Je n'ai pas de boule de cristal et je ne sais pas ce qu'il va se passer. À défaut de cela, il faudra se défendre contre eux et les faire annuler les uns après les autres…

Diana s'interrompit soudainement. Julian et Alicha venaient d'arriver. Droits, élégants, ils marchaient dans notre direction d'un même pas, en se tenant la main. Juchée sur des talons trop hauts, Alicha portait de grosses lunettes noires, un béret beige qui faisait ressortir ses longs cheveux noirs luisants, et un sac Prada assorti à son béret. Ses vêtements luxueux détonnaient cruellement dans cet environnement et elle essuya quelques regards assassins avec morgue. Julian portait un costume foncé très design et un énorme dossier d'au moins vingt centimètres sous le bras droit. Ils nous avaient probablement vus, mais ils nous ignorèrent avec superbe et s'assirent non loin de nous.

– Vous ne m'aviez pas dit qu'Alicha était une starlette du cinéma bollywoodien ! s'exclama Diana.

– Elle pourrait au moins enlever ses lunettes de soleil dans le tribunal. Il n'y a pas de soleil à l'intérieur... Dehors, non plus d'ailleurs, railla mon père.

J'aurais tout donné pour ne pas être là. J'étais incapable de murmurer le moindre son. Mes yeux étaient braqués sur l'épais dossier que Julian venait de poser sur le siège voisin. À quoi pouvait-il bien servir puisque son avocat apportait tout ce qui lui était nécessaire ? Le but était sans doute de m'intimider et de me déstabiliser. Je n'eus que peu de temps pour réfléchir à ces questions.

– Il faut y aller. C'est à nous ! dit Diana en me montrant du menton Roth et son acolyte qui entraient dans le prétoire. Je regardai mon père d'un air résigné et la suivis, le cœur battant.

La configuration était celle de toutes les salles d'audience américaines dans lesquelles j'avais eu le malheur de pénétrer – et je pouvais me vanter d'en avoir vu quelques-unes. La juge Ann Molly, une Antillaise d'une cinquantaine d'années, était assise dans un box près du drapeau américain. Diana me fit signe de m'asseoir près d'elle en face de la juge. Julian et Roth étaient assis à notre gauche. La juge nous regarda l'un après l'autre en soupirant, puis se plongea dans la lecture des requêtes de Diana et de la partie adverse.

– Mon client demande la prorogation de son ordonnance de protection, votre Honneur. Sa vie est en danger, comme le prouve sa description de la scène qui s'est produite entre son ex-femme et lui le 4 mars, le jour d'anniversaire de leur enfant, déclara Roth le plus sérieusement du monde.

– Votre Honneur, la description de M. Jones est très vague. Ma cliente ne se remémore aucunement les faits de la même manière que lui. Elle ne l'a ni insulté, ni intimidé, ni ne l'a empêché d'emmener son enfant. Au contraire, elle a encouragé l'enfant à partir avec son père. Elle n'a pas agressé M. Jones, d'ailleurs, il ne donne aucune date précise. Juste « depuis notre rencontre ». En conséquence, votre Honneur, ma cliente vous prie de bien vouloir annuler cette ordonnance de protection au moins pour le bien de l'enfant. C'est la fin de l'année : il y a différentes festivités – une pièce de théâtre, un cocktail organisé par les parents d'élèves, une fête... Les parents ont besoin de communiquer et l'ordonnance de protection empêche ma cliente de s'y rendre calmement et d'être disponible pour sa fille.

– Vos clients ont l'autorité conjointe, n'est-ce pas ? demanda la juge à Diana.

Les deux avocats répondirent par l'affirmative.

– Pauvre petite fille ! s'exclama-t-elle en regardant Diana avec hostilité.

– Je n'étais pas l'avocate de ma cliente à l'époque. Ce n'est pas moi qui ai rédigé pareil accord de garde, se défendit Diana vivement.

– Ah ! Je suis heureuse de l'apprendre ! Quelles sont les dates de ces festivités ? lui demanda la juge Molly avec humeur.

– Je… Permettez-moi de le demander à ma cliente, répondit Diana en se tournant vers moi.

Je la regardai d'un air étonné. En quoi les dates pouvaient-elles bien l'intéresser ? Je ne comprenais pas, mais je fouillai dans mon sac et en sortis mon agenda. Les dates y étaient inscrites.

– Mais, Diana, il faut que Julian nous remette l'enregistrement…, dis-je à voix basse à Diana, qui m'ignora.

Je lui donnai les dates en balbutiant, elle les répéta après moi.

– Le 13 juin a lieu la pièce de théâtre scolaire. Le 15 juin, le cocktail et le 17 une fête de classe.

La juge Molly inscrivit ces dates sur un papier et consulta une auxiliaire de justice.

– Le procès aura lieu le 3 octobre. Les parents resteront à une bonne distance l'un de l'autre pendant les festivités. Le père sera assis d'un côté dans la salle de théâtre, la mère de l'autre. L'ordonnance de protection est prorogée jusqu'au 3 octobre.

J'étais abasourdie, mais Diana acquiesça docilement. La juge Molly se retourna vers Julian qui était radieux.

– Avez-vous l'enregistrement ?

– Oui, mais je préfère vous le remettre le jour du procès, dit-il d'un ton catégorique.

Stupéfaite par l'aplomb de Julian, je m'attendais à ce que la juge Molly le remette à sa place. Au lieu de cela, elle hocha la tête en signe d'acquiescement et nota quelque chose dans son dossier.

– Très bien. À votre guise. Je vous verrai au procès le 3 octobre. Bonne journée !

18

Envol

Diana avait choisi la mauvaise stratégie. Je n'avais plus aucun espoir. Après avoir passé deux mois à nos côtés, mon père était finalement reparti en France. L'échange suivant de Gwendolyn à Astoria, souvenir qui me revient en boucle, fut l'un des moments les plus douloureux de ma vie. Trente et un jours de « vacances » chez Julian jusqu'au 29 juillet. Était-il seulement possible de survivre sans elle, ne sachant pas si j'allais la revoir, pendant tout ce temps ? Elle devait ensuite passer le même nombre de jours en août avec moi en France, comme chaque année, mais comment envisager la fin de tout cela ? Je ne parvenais pas à me projeter au-delà de cet été qui m'apparaissait comme une période d'adieux.

Le 3 octobre résonnait pour moi comme un glas, une date à laquelle j'allais plonger dans un désespoir invincible, car c'est ce jour-là, j'en étais convaincue, que la juge Molly, manipulée par Julian, allait me séparer de mon enfant. Allais-je d'ailleurs retrouver Gwendolyn? Diana était persuadée que Julian trouverait moyen de me faire arrêter par un policier new-yorkais avant nos retrouvailles. Le docteur Richt l'était aussi. Diana avait convenu avec Julian que la baby-sitter que Julian employait pour s'occuper de Gwendolyn la raccompagnerait chez moi le matin à 10 heures le 29 juillet pour prendre l'avion pour Paris le soir même. Elle m'avait fait promettre de me faire accompagner par une amie pour récupérer Gwendolyn.

Le docteur Richt m'avait prescrit une myriade d'antidépresseurs, un anxiolytique et des somnifères, et c'est sans doute ce qui me permit de survivre loin de Gwendolyn. Toutes mes pensées étaient tournées vers elle, et je ne parvenais à m'intéresser à rien d'autre. Je travaillais désormais à partir de chez moi, mais ma productivité était basse et mon chef se plaignait. J'accomplissais difficilement les tâches quotidiennes, je mangeais peu, je dormais peu. Je me couchais en pleurant, je me réveillais en pleurant avec une boule d'anxiété telle que j'en avais la nausée. Plusieurs fois par jour, je m'allongeais sur son lit, aux côtés de ses poupées, et je pleurais pendant des heures sans pouvoir me contrôler. Chaque jour, j'attendais avec impatience 23 heures, l'heure à laquelle je m'autorisais à cocher une croix sur le calendrier. Cet horizon quotidien me permettait de garder le cap et, je crois sincèrement, plus prosaïquement, de ne pas devenir folle.

Je ne cessais de m'interroger – toujours les mêmes questions lancinantes. Pourquoi ne parvenais-je pas à protéger mon enfant de son père et de sa belle-mère ? Pis encore, comment expliquer les efforts systématiques de mes avocates pour aseptiser la vérité afin de ne pas risquer de perdre la garde et l'autorité ? J'étais réellement empêtrée dans une gigantesque toile d'araignée : plus je tentais de protéger Gwendolyn, plus je risquais de la perdre. Étaient-ce mes avocates, qui choisissaient toujours la mauvaise stratégie ? Impossible, puisque Diana était considérée comme l'une des meilleures avocates de Manhattan, spécialiste des violences conjugales. Était-ce moi ? Ma première avocate m'avait dit que les juges n'aimaient pas mon style. « Vous avez l'air angoissée, stressée, vous pleurez… Les juges détestent ça. » Cette avocate m'avait pourtant dit dans le même souffle qu'il fallait avoir l'air « un peu triste tout de même ». Était-ce le système qui était défaillant ?

Diana évoquait sans cesse le mouvement de défense des droits des pères, le SAP, la malédiction qui s'acharnaient sur les mères victimes de violences conjugales. Je sentais confusément que c'était là qu'il fallait fouiller, et, un jour, n'y tenant plus, je décidai de prendre contact avec des organisations de défense des droits des femmes à qui je racontai mon histoire. Comme Diana, elles évoquèrent le SAP, les lobbies des pères divorcés, mais elles m'expliquèrent que mon cauchemar était somme toute assez banal, classique. Cette lutte à mort pour protéger son enfant contre un père maltraitant et un système dévoyé était le lot de la plupart des mères américaines qui dénonçaient des violences paternelles. J'appartenais à une confrérie de mères misérables, damnées, qui avaient eu le malheur d'épouser un homme pervers, d'avoir eu des enfants de lui et de chercher secours auprès du système de protection de l'enfance américain.

La directrice de la respectable association Leadership Council on Family Violence, la psychologue Joyanna Silberg, m'apprit que mon affaire était le symptôme d'une « épidémie nationale ». Chaque année, aux États-Unis, environ 58 000 enfants étaient arrachés à leur mère, accusée d'aliénation parentale, et punie pour avoir dénoncé les violences paternelles, souvent sexuelles. Les chiffres de l'American Judge Association étaient particulièrement éloquents : les affaires de gardes conflictuelles ne représentaient que 3,8 % de l'ensemble des dossiers de garde aux États-Unis. Pourtant, 80 % des pères violents qui demandaient la garde l'obtenaient. Comment y parvenaient-ils ? Ils arrivaient à convaincre les juges que la mère avait manipulé ses enfants pour « aliéner » le père. Et la punition tombait comme un couperet : l'autorité et la garde étaient confiées au père. La mère était alors souvent condamnée à rencontrer ses enfants dans des lieux médiatisés, dans le cadre de visites payantes, lorsque le juge ne prononçait pas tout simplement une ordonnance d'interdiction de contact, qui interdisait à la mère de voir ses enfants sous peine d'emprisonnement.

Les atermoiements de Diana et les réactions de mes divers interlocuteurs prenaient soudain tout leur sens.

De même que les accusations incessantes de Roth et de Julian. L'expert national de la question, l'avocat Barry Golstein, confirma ces dires :

– La plupart des affaires de garde se règlent à l'amiable : les mères obtiennent l'autorité conjointe. Ce sont les pères violents, des êtres méprisables dépourvus d'affect et de conscience, qui utilisent leur enfant pour punir la mère, qui veulent continuer à contrôler leur ex et la punir en lui confisquant l'enfant. Les pères non violents savent qu'il faut préserver le lien mère-enfant et ne veulent pas faire souffrir leur enfant.

– Mais comment est-il possible que des acteurs judiciaires formés à ces questions se fassent bluffer à ce point ?

– Les professionnels des tribunaux aux affaires familiales américains sont formés pour chercher l'aliénation parentale, pas pour protéger l'enfant. Et le concept du *friendly parent* (« parent amical ») a aggravé les choses. Les évaluateurs judiciaires sont formés pour « récompenser » le parent le plus coopératif, celui qui respecte le plus l'image de l'autre.

Mes réflexes de journaliste me revenaient. Je décidai donc de faire une enquête journalistique en bonne et due forme. J'étais époustouflée, car ma situation prenait tout son sens : plus j'essayais de protéger mon enfant des violences paternelles, plus j'étais considérée comme « non coopérante », aliénante, et plus je risquais de perdre la garde. « C'est une véritable crise des droits civiques », m'expliqua l'avocat Michael Lesher, auteur du livre *From Madness to Mutiny : Why Mothers Are Running from the Family Courts* (« De la folie à la mutinerie : Pourquoi les mères fuient les tribunaux de famille américains »). Je m'intéressai alors de plus près aux lobbies de pères divorcés et aux mouvements « masculinistes ».

Je découvris que ces mouvements reprennent les thèmes féministes en les inversant, accusant les femmes d'avoir déstructuré l'identité masculine, et réclament des droits plus favorables pour les pères. Construit aux États-Unis et au Canada, sur le mythe de la femme misandre et de la mère malveillante, qui fait de fausses allégations contre le père pour avoir la garde, ce mouvement a fait une incursion en France avec le père monté sur une grue à Nantes pour obtenir la garde de son fils. Ces lobbies, particulièrement redoutables aux États-Unis, en Australie et au Canada, refusent la « culture de la victimisation de la femme ». Peu leur importe, bien sûr, que 90 % des conjoints violents soient des hommes.

Les percées des masculinistes ne sont pas seulement médiatiques, mais aussi législatives : leur but est de réduire au minimum les peines encourues par les pères violents. Ils ont, comme me l'avait dit Diana, noyauté les sphères de la justice, les associations de pères, la protection de l'enfance, la psychologie et la psychiatrie. À preuve : ils ont reçu 500 millions de dollars de subventions fédérales en 2010. « Peu de gens savent que ces groupes de pression, derrière l'image de gentils papas privés de leurs droits parentaux véhiculée par les médias, regroupent surtout des agresseurs qui utilisent l'enfant pour en découdre avec leur ex et qui se livrent à une véritable guerre contre les femmes, m'expliqua Goldstein. Ces mouvements utilisent le livre *Screw The Bitch!* traduire «Baise-moi cette salope». C'est un gigantesque mouvement d'hommes misogynes créé pour manipuler les tribunaux.»

Coïncidence entre toutes, mon avocate employait une jeune stagiaire passionnée, Jennifer Collins. Elle était la fille de Holly Collins, une femme battue à qui un juge avait enlevé ses enfants de 5 et 7 ans, Jennifer et Zachary, malgré des certificats médicaux attestant des fractures et blessures subies par les enfants. Partisan de la théorie du SAP, convaincu que Holly Collins «aliénait» ses enfants parce qu'ils avaient peur de leur père, le juge décida de punir la mère et lui octroya un droit de «visite» de deux heures par semaine dans un centre médiatisé. À chaque nouvelle visite, ses enfants l'imploraient de les protéger de leur père violent. Un jour, affolée en découvrant des hématomes sur le torse de sa fille, Holly Collins partit avec ses enfants aux Pays-Bas qui, pour la première fois de leur histoire, accordèrent le droit d'asile à un citoyen américain. Holly Collins devint une fugitive internationale recherchée par le FBI. Aujourd'hui, dix-sept ans après, elle est rentrée aux États-Unis, où tous les chefs d'inculpation retenus contre elle ont finalement été retirés.

Mon enquête jetait aussi la lumière sur le caractère lucratif des enfants de parents divorcés: l'industrie du divorce américaine, qui représente 50 milliards de dollars annuels, plus que tous les autres tribunaux américains, et, autour de laquelle gravitent des parasites tels que Mussari, Weissman, McCaine, les avocats pour enfants, etc., qui ont bien sûr tout intérêt à perpétuer les conflits entre les anciens époux. « Les sommes que les parents sont prêts à payer sont tout simplement faramineuses », me dit Sylberg. Je ne le savais que trop bien, moi qui avais dû vendre mon appartement new-yorkais pour m'acquitter de près de 200 000 dollars en frais judiciaires. À raison de 400 à 700 dollars par heure, les avocats ont avantage à faire durer la procédure, de même que les médiateurs qui, comme Weissman, doivent faire preuve de neutralité vis-à-vis des deux parties pour ne pas perdre leurs clients. 20 à 40 000 dollars pour des « expertises » réalisées par des spécialistes « formatés » et épris de la doctrine du SAP. Pourquoi les avocats des enfants voudraient-ils régler ces affaires ? Ils voient dans chaque enfant une source de revenus pour les dix ou quinze prochaines années de leur vie, car le parent protecteur ne se résoudra jamais à abandonner son enfant. Sans compter l'argent que ce dernier doit verser aux agences de supervision des visites, souvent facturées à 200 dollars l'heure. Entre novembre 2010 et février 2012, Sunny Kelley m'expliqua qu'elle avait dû payer 123 511 dollars pour « voir » son enfant que de graves abus sexuels – étayés par un éminent psychiatre de Harvard – perpétrés par son père avaient rendu quasiment psychotique. De nombreuses mères sont contraintes de se défendre elles-mêmes car elles ne peuvent pas se permettre de payer les honoraires d'un avocat.

Cette enquête me bouleversa, mais la suractivité qu'elle généra me permit de combler le vide laissé par Gwendolyn. Pendant son absence, période d'incertitude où j'aurais pu lâcher prise ne sachant pas si j'allais de nouveau la serrer dans mes bras, cette enquête devint ma raison de vivre. J'entrai rapidement en communication avec nombre de « mères protectrices », comme il est convenu de les appeler, sur les réseaux sociaux, et constatais que l'« épidémie nationale » décrite par Silberg n'était pas une fiction. Leurs histoires me donnaient le vertige tant elles étaient similaires à la mienne. Les chiffres avancés par les organisations, les avocats et les universitaires étaient loin d'être farfelus. Nous étions des milliers de mères protectrices incapables de protéger nos enfants, victimes de la vindicte pathologique de nos ex et de la complicité des tribunaux. La force morale et les efforts de ces femmes pour « continuer à faire partie de la vie de leurs enfants », pour leur apporter un peu de beauté, étaient sublimes, héroïques.

Il y avait Michelle, à qui un juge avait ordonné de ne plus jamais revoir sa fille de 14 ans, mais qui continuait de communiquer en cachette en dissimulant des mots dans les livres empruntés par sa fille à la bibliothèque municipale. Elle avait obtenu de la bibliothécaire compatissante qu'elle appelle sa fille pour lui dire que le « livre qu'elle avait demandé était arrivé ». La lecture de ces livres était comme une conversation ininterrompue entre la mère et l'enfant. Il y avait Melissa, plusieurs fois arrêtée suite aux fausses déclarations de son ex, qui continuait de voir ses enfants trois heures par semaine malgré les nouveaux risques d'arrestation et la froideur de ses enfants, menacés de représailles terribles par leur père s'ils montraient le moindre sentiment à l'égard de leur mère. Il y avait Julie, dont l'ex avait obtenu la garde exclusive de leur fille de 6 ans et déménagé pour rompre les contacts entre la mère et l'enfant. Elle n'avait pas hésité à déménager une deuxième fois pour avoir le droit de voir sa fille treize heures par semaine au prix de 2 200 dollars par mois, mais venait d'apprendre qu'elle souffrait d'un cancer incurable. Il y avait Elisabeth, dont la petite Olivia de 7 ans avait déjà des velléités suicidaires, qui écrivait chaque jour une nouvelle page de la vie d'un lutin pour tenter d'arracher un sourire à une enfant désespérée pendant leurs visites hebdomadaires de quelques heures. Il y avait Maria, à qui la fillette de 4 ans avait répondu, en apprenant qu'elle allait avoir le droit de passer huit jours avec sa mère à Noël : « Oh maman, ce n'est pas possible… J'ai l'impression de rêver… »

Ces mères étaient héroïques. Les retrouvailles mère-enfant, aussi brèves et improbables fussent-elles, étaient comme des décharges électriques qui leur redonnaient vie. Ces mères protectrices, devenues mes « amies », me tinrent compagnie pendant cette longue période. Julian permettait à Gwendolyn de m'appeler quasiment tous les soirs, conformément à l'accord de garde, mais ses appels ne duraient jamais plus de deux minutes, ce qui ne me permettait pas d'évaluer l'état psychologique de Gwendolyn. De toute façon, la voix de son père dans le combiné m'indiquait qu'il était à deux pas, guettant ses moindres mots.

Lorsque le 29 juillet arriva enfin, j'attendais, assise dans un fauteuil, abîmée dans mes pensées depuis plusieurs heures lorsque à 10 heures du matin le bruit de l'Interphone retentit enfin. C'était Gwendolyn ! Je me précipitai et appuyai plusieurs fois sur le bouton, incapable de prononcer un mot, incapable de croire que j'allais la serrer dans mes bras dans quelques minutes. Si jamais… La petite voix mélodieuse de Gwendolyn résonna dans l'Interphone « Mamaman ! », et il me sembla que le sang se remettait à couler dans mes veines ! Je courus dans le couloir, dévalai l'escalier, m'accrochant à la rambarde pour ne pas tomber, et je la vis, petite fée lumineuse, tout au bout du couloir. J'étais incapable de parler. Debout, à quelques mètres seulement, elle me regardait en souriant en tenant la main de sa baby-sitter. Fraîchement nattée, dans une robe à bretelles jaune qu'on avait achetée ensemble, elle se précipita vers moi en criant : « Mamaman ! » Je la pris dans mes bras, je la serrai tout contre moi et la couvris de baisers, sourde aux paroles de sa baby-sitter qui prenait congé de nous.

– Oh mon petit amour, mon petit amour, tu es là, enfin ! Enfin ! Je n'y croyais pas, tu sais ! Je n'y croyais pas !

– Moi, non plus, maman. Moi, non plus, je n'y croyais pas…

Elle était bronzée, blondie par le soleil et l'eau de la piscine, comme l'avait prévu son père. Un peu amaigrie sans doute, cernée aussi, mais le bonheur illuminait son visage. Elle me serrait de toute la force de ses petits bras et ses « Mamaman… Mamaman… » se perdaient dans une longue et tendre litanie. Nous restâmes longtemps amarrées l'une à l'autre dans le couloir de l'immeuble avant de remonter retrouver Gros Câlin, qui fit un accueil triomphal à Gwendolyn. Elle le prit immédiatement dans ses bras et il commença à ronronner, puis, soudain, elle se rappela qu'Harmonie l'attendait sur son lit et courut la serrer dans ses bras. « Comme tu m'as manqué ! Mais je sais que grand-mère a pris bien soin de toi ! » J'avais pris rendez-vous chez le docteur Richt à 15 heures pour qu'elle évalue l'état de Gwendolyn et nous avions plusieurs heures avant ce rendez-vous.

– Tu m'as beaucoup manqué, maman… Parfois, quand j'étais seule et que daddy et Alicha ne pouvaient pas m'entendre, j'appelais « maman » et je me demandais si tu m'entendais… Est-ce que tu m'entendais, maman ? me demanda-t-elle d'un ton grave.

Attendrie, je la couvris de baisers.

– Oh oui, je t'entendais ! Et moi aussi, je t'appelais ! Je t'appelais sans cesse, chaque minute et chaque seconde de ces vacances sans toi ! », répondis-je sans hésiter, car je ne mentais pas.

Je ne sais combien de temps nous restâmes assises ainsi, collée l'une à l'autre, ne communiquant pratiquement que par le sourire et les larmes. Lorsque je me levai enfin pour préparer nos bagages, Gwendolyn me suivit pas à pas dans l'appartement. Elle réclamait sans arrêt des câlins et insistait pour que je lui tienne tout le temps la main.

À 14 h 30, nos bagages prêts, y compris ceux de la poupée de Gwendolyn, j'appelai un taxi pour aller chez le docteur Richt. Il était hors de question de prendre le moindre risque alors que nous étions si près du but. Je ne voulais pas me trouver dans la rue et donner la possibilité à Julian d'alerter un policier en affirmant que j'avais tenté de communiquer avec lui. Le docteur Richt nous reçut avec un enthousiasme et un étonnement manifestes. Elle était convaincue que Julian allait empêcher Gwendolyn de partir en France. Gwendolyn se mit immédiatement à jouer la scène d'une petite fille qui attendait en vain le coup de téléphone de sa maman avec sa poupée. Lorsque le docteur Richt lui demanda pourquoi, elle se réfugia sur mes genoux, et sortit de sa poche une boule de cheveux qu'elle avait sans doute retirée de ma brosse à son retour – et moi qui pensais naïvement qu'elle avait perdu cette mauvaise habitude ! Le docteur Richt me jeta un coup d'œil entendu.

– Son daddy lui a dit que sa maman avait d'autres choses à faire et qu'elle ne voulait pas appeler. Il ne veut pas que sa petite fille voie sa maman, mais la petite fille, elle est un peu fée et la maman aussi. Alors elles peuvent se parler quand elles prennent des douches, dit Gwendolyn en plaçant la salle de bains miniature sur le sol.

– Ah oui ? demanda le docteur Richt, très étonnée.

Gwendolyn déshabilla la poupée et la mit dans la douche.

– Oui, elles font comme ça. « Maman, tu m'entends ? » « Oui, ma chérie, je t'entends, tu vas bien ? Moi, je vais bien. » « Oui, maman, je vais bien. Je suis vraiment contente de te parler. »

– Dis-moi, Gwendolyn, tu fais la même chose chez daddy ? Toi aussi, tu essaies de parler à ta maman dans la douche ? demanda le docteur Richt, intriguée.

– Oui, je le fais toujours, mais je ne crois plus que ma maman m'entend quand je lui parle… et parfois, ça me rend tellement triste que j'ai envie de mourir, expliqua Gwendolyn en me regardant avant de baisser la tête.

Mes yeux se remplirent de larmes. Gwendolyn s'élança vers moi : « Ne pleure pas, ma petite maman ! Ne pleure pas ! L'important, c'est qu'on soit ensemble, tu sais… » Le docteur Richt s'était détournée. Je l'entendis se moucher discrètement. Elle se racla la gorge, se retourna et nous offrit des cookies écossais en souriant.

– Tu sais pourquoi le daddy de ta poupée ment comme ça ? lui demanda le docteur Richt.

– Non.

– Je pense que si son daddy ment si souvent, c'est parce qu'il a besoin de se sentir important, spécial, en quelque sorte. Il veut être le seul à être aimé de sa fille. Alors, il essaie de te faire croire que la maman de ta poupée ne l'aime pas.

Les yeux de Gwendolyn la fixaient avec intensité. Elle cherchait à comprendre.

– Comme quand ma copine Agathe dit qu'elle a plusieurs poupées « American Girls » dans sa maison de campagne alors qu'elle en pas une seule ?

– C'est tout à fait ça, Gwendolyn. Daddy pense qu'en mentant il sera plus aimé… Il ment parce qu'au fond de lui il se sent petit, faible, pas important.

Gwendolyn la regarda longuement, puis elle se mit à pleurer dans mes bras. J'étais mal à l'aise, sceptique et, sur le moment, j'aurais préféré que cette scène n'ait pas eu lieu.

– Il est important que, malgré son jeune âge, Gwendolyn sache pourquoi son père ment. Sa perception de la réalité en dépend.

À la fin de la séance, elle me prit à part et s'adressa à moi d'un ton grave :

– Je souhaiterais que vous emmeniez Gwendolyn consulter une psychologue afin qu'elle soit évaluée avant de revenir à New York car je crains vraiment que ses velléités suicidaires ne s'aggravent lorsqu'elle rentrera à New York. J'aimerais avoir un deuxième point de vue. Pensez-vous que vous puissiez emmener Gwendolyn consulter quelqu'un en France ?

– Oui, bien sûr, répondis-je.

– Je vais vous faire parvenir par e-mail un compte rendu sur Gwendolyn. Bonnes vacances !

Il était 16 heures lorsque nous prîmes un autre taxi pour rentrer chez nous sur la 81e. Je demandai au chauffeur de nous attendre devant la maison le temps d'aller chercher les bagages. Mary devait passer chercher Gros Câlin dans la soirée. Je m'autorisai enfin à respirer lorsque nous nous installâmes dans le taxi. L'avion ne décollait qu'à 22 heures, nous avions cinq heures d'attente, mais peu m'importait. L'aéroport était l'endroit le plus proche de la France, le plus éloigné de Julian et de sa folie, de cette guerre folle qui menaçait de nous anéantir, mon enfant et moi.

Notre vol vers la France restera gravé dans ma mémoire toute ma vie. La main de Gwendolyn resta arrimée à la mienne pendant tout le voyage. Elle serrait aussi sa poupée tout contre elle. Silencieuse, elle ne me quittait pas des yeux et ne cessait de me sourire, et, pour la première fois de ma vie, j'avais l'impression qu'elle était vraiment heureuse. Je voulais tant y croire ! Nous nous endormîmes en souriant, les mains toujours jointes, nos visages tournés l'un vers l'autre.

Le soleil brillait lorsque nous sortîmes de l'avion, et je me souviens de tout, de mes larmes, de la force de mon émotion, de la petite main de Gwendolyn vissée dans la mienne et de ses promesses enfantines, prémonitoires : à partir de maintenant, tout irait bien, nous étions dans *mon* pays, disait-elle.

19

Sanctuaire

Maître Richard Tollides me plut tout de suite. C'était un spécialiste de droit international, passionné des droits de l'homme, qui venait de gagner une affaire très médiatisée. J'avais pris rendez-vous avec lui le lendemain de notre arrivée à Paris. Si son regard franc m'avait immédiatement inspiré confiance, son élocution, ou plutôt ses « talents oratoires », m'avaient tout de suite impressionnée. Il nous avait accueillies chaleureusement dans son cabinet de Rouen. Il avait embrassé Gwendolyn affectueusement avant de la confier à une de ses nièces qui devait s'occuper d'elle pendant notre rendez-vous. Il fut surpris d'apprendre qu'un procès était fixé au 3 octobre et que je devais organiser ma défense contre les fausses accusations de violences de Julian. Il acceptait volontiers de me défendre, mais ses analyses n'étaient guère encourageantes. Il confirmait ce que je savais déjà : rester en France avec Gwendolyn signifiait nous exposer à une condamnation pour enlèvement international d'enfant en vertu de la convention de La Haye du 25 octobre 1980 sur les aspects civils de l'enlèvement international d'enfants, ratifiée et signée par les États-Unis et la France, qui établit la compétence des juridictions où l'enfant réside. Julian ne manquerait pas de l'invoquer pour exiger le retour de sa fille dans son pays de résidence, les États-Unis, et je connaissais la suite des événements car je m'étais intéressée aux articles de presse relatant des faits divers semblables : Julian se prévaudrait du non-retour de sa fille pour en obtenir la garde et l'autorité exclusive aux États-Unis ; un mandat d'arrêt serait délivré contre moi aux États-Unis ; un juge français ordonnerait, en vertu de la convention de La Haye, le retour de Gwendolyn, ce à quoi je me refuserais, mais les gendarmes viendraient chercher de force mon enfant à mon domicile en France. Je ne pourrais même pas lui rendre visite aux États-Unis car là-bas je risquerais la prison. Maître Tollides était impatient de lire le compte rendu du docteur Richt. Celui-ci, extrêmement alarmiste, me parvint quelques jours après notre arrivée en France. Nous étions alors hébergées chez mes parents en Bretagne, où nous redécouvrions la douceur d'une vie sans Julian. Ce n'était bien sûr pas la liberté car l'audience du 3 octobre était suspendue au-dessus de ma tête comme une épée de Damoclès et Julian continuait d'appeler Gwendolyn quotidiennement. Mais l'éloignement, le sentiment merveilleux de sécurité parmi les miens, la nature, la mer, la plage, le soleil, les câlins interminables de Gwendolyn et ses grands-parents me donnaient l'impression d'avoir laissé New York loin derrière moi et d'être à l'abri du régime de terreur imposé par Julian.

La lecture du compte rendu du docteur Richt fut un électrochoc. Il relatait abruptement des faits que je ne connaissais pas et une réalité que je n'avais jamais totalement faite mienne. Elle l'avait intitulé « Rapport confidentiel relatant les préoccupations suscitées par les troubles affectifs de Gwendolyn et par ses visites chez son père. Description de sa relation psychologique avec son père et sa belle-mère ainsi que de leur dynamique familiale » et me demandait de faire évaluer Gwendolyn par un psychiatre français pendant ses vacances.

En voici quelques extraits :

« Je suis la thérapeute de Gwendolyn depuis le 30 juin 2009 (Gwendolyn était alors âgée de 5 ans). Mon mandat a été confirmé par la cour. L'année dernière, j'ai suivi Gwendolyn à raison d'une séance par semaine. J'ai également vu sa mère dans le cadre de séances hebdomadaires d'orientation parentale. Je n'ai vu le père de Gwendolyn qu'une seule fois l'année dernière car il a refusé de me rencontrer. Au fil du temps, Gwendolyn a développé avec moi une relation de confiance, qui lui permet de me raconter avec exactitude ce qu'il se passe chez ses parents. Ma dernière séance avec Gwendolyn

s'est tenue le 29 juillet 2013, avant qu'elle ne quitte les États-Unis pour la France avec sa mère.

«*Dès le début, il m'est apparu clairement que M. Jones acceptait de me rencontrer pour me convaincre que la mère de Gwendolyn était folle et qu'il devait obtenir la garde exclusive. Il m'a dit: "Caroline fait du mal à ma fille. Gwendolyn va passer un mois de vacances avec moi, c'est une enfant magnifique!" Il m'a dit clairement qu'il n'accepterait pas que Gwendolyn poursuive sa thérapie avec moi si je n'admettais pas que Mme Bréhat avait une influence négative sur Gwendolyn.*

«*Depuis février 2013, Gwendolyn m'a fréquemment dit que, lorsqu'elle séjourne chez son père, elle a souvent envie de mourir. Elle m'a dit concrètement qu'elle pense à se jeter par la fenêtre car "la partie triste en* [elle] *veut mourir".*

«*La relation de M. Jones avec Gwendolyn est tout à fait pathologique. M. Jones cède à de fréquents accès de rage avec Gwendolyn, ce qui la terrifie. Gwendolyn a peur de pleurer lorsqu'elle est chez son père car elle craint d'être punie. Lorsqu'elle se met à pleurer, son père saisit son visage dans ses mains et crie sur un ton très menaçant: "Regarde-moi, Gwendolyn! Regarde-moi! Je suis ton père! Si tu n'arrêtes pas de pleurer, tu vas me rendre fou! Tu veux vraiment me voir fou?!" Parfois, ses angoisses sont si fortes qu'elle a envie de mourir. En janvier dernier, après avoir été punie par son père, Gwendolyn m'a confié avoir eu une hallucination visuelle: des yeux l'observaient.*

«*La belle-mère se montre également de plus en plus coléreuse et agressive. Mme Jones est très violente envers Gwendolyn, ce qui se manifeste par des agressions verbales et physiques : elle hurle sur Gwendolyn, l'insulte, la secoue, la menace verbalement, la gifle et la griffe. Mme Jones semble avoir un seuil de tolérance à la frustration très bas et être constamment au bord de l'explosion. Dès que Mme Jones a l'impression de ne pas contrôler totalement Gwendolyn, notamment lorsque Gwendolyn lit mal un mot, elle devient enragée. Gwendolyn a très peur des colères de Mme Jones et tente désespérément d'obéir en faisant tout ce que Mme Jones lui demande, en faisant semblant de penser ou de ressentir tout ce que Mme Jones veut qu'elle pense ou ressente* [...]

«*Les punitions infligées par le père et la belle-mère, décrites par Gwendolyn, sont de plus en plus sadiques et sévères. Mme Jones a même puni Gwendolyn en la contraignant à rester dehors en pyjama sous la pluie en plein hiver. Elle était punie pour avoir été triste.* [...] *Lorsque Gwendolyn se trompe en faisant ses devoirs scolaires, elle est souvent giflée par sa belle-mère. Ces punitions fréquentes extrêmes, consistant notamment à infliger à Gwendolyn des souffrances physiques, à la terroriser et à lui faire endurer des carences affectives, contribuent à ancrer chez elle des idées suicidaires.*

«*L'atmosphère dans cette famille est tout à fait anormale. Le père semble obsédé par Gwendolyn. Mme Jones est indéniablement jalouse de Gwendolyn, ce qui la rend de plus en plus méchante et critique envers l'enfant. Gwendolyn court un grave danger psychologique. Les visites chez son père et sa belle-mère lui font subir des traumatismes récurrents, notamment des violences physiques et psychologiques. Il y a deux ans, Gwendolyn a souffert d'hallucinations auditives et visuelles, ce qui peut être considéré comme un repli réactionnel face aux traumatismes éprouvés. J'ai alors été particulièrement inquiète de la réaction du père qui, en apprenant que sa fille souffrait d'hallucinations, était moins préoccupé par l'état de santé de sa fille que par la préférence marquée de Gwendolyn pour sa mère. Cela veut dire que la blessure narcissique subie par M. Jones est pour lui plus importante que la santé de sa fille. Il me semble également très préoccupant que M. Jones n'ait pas jugé indispensable de prendre rendez-vous chez un docteur, un psychiatre ou un autre psychologue à propos de ces hallucinations.*

«*La tendance de M. Jones à déformer les faits pour appuyer sa propre version de la réalité a des effets négatifs sur la perception de la réalité de Gwendolyn. La perception de Gwendolyn est souvent déformée par le fait que son père lui répète que ce qu'elle pense n'est pas vrai et qu'elle n'éprouve pas les sentiments qu'elle éprouve. Par exemple, pour me convaincre que la mère de Gwendolyn était folle, il m'a expliqué que Mme Bréhat forçait son enfant à manger ses propres cheveux. Le comportement de Gwendolyn, qui tenait un des cheveux de sa mère pendant qu'elle suçait son pouce, était en fait compulsif comme nous en avons souvent discuté avec la mère de Gwendolyn. Les cheveux de sa mère servaient à Gwendolyn d'objet transitionnel. Elle retirait les cheveux de sa mère de sa brosse ou de la poubelle. Mme Bréhat, qui lui confisquait ses cheveux à chaque fois qu'elle la voyait faire, était préoccupée par ce geste compulsif. En aucun cas, Mme Bréhat ne forçait Gwendolyn à manger ses cheveux.*

«*Au fur et à mesure de la maturation émotionnelle de Gwendolyn, je crains qu'elle ne se rebelle davantage, ce qui sera dangereux pour elle. En effet, lorsque Gwendolyn s'opposera à Mme Jones, celle-ci risque de se montrer plus agressive encore et de causer à Gwendolyn de graves blessures physiques. Il est très probable que Gwendolyn ait de plus en plus de velléités suicidaires si elle est contrainte de poursuivre ses visites au domicile paternel. Cette situation est très préoccupante car nul ne peut prévoir le moment où un enfant qui a longtemps nourri des idées suicidaires passera à l'acte.*

«*Ayant suivi Gwendolyn pendant quatre ans, je suis convaincue que la poursuite des visites chez son père expose cette enfant à des difficultés affectives durables et graves et que le risque de suicide est bien réel chez elle. Je conseille donc de soumettre Gwendolyn à une évaluation psychiatrique au cours du mois d'août et de la surveiller attentivement en raison du risque de suicide. Je redoute en particulier que son état psychologique ne se détériore à la perspective de rentrer aux États-Unis à la fin du mois. Il faudra alors la suivre de très près.*

«*N'hésitez pas à me contacter si je puis vous être d'une aide quelconque.*

«*Victoria Richt*»

Lorsque je lus le compte rendu à maître Tollides au téléphone, celui-ci mesura immédiatement la gravité de la situation. « Je ferai tout pour sauver Gwendolyn, madame Bréhat, mais vous devez savoir que ce déplacement pourrait être qualifié d'illicite au regard de la convention de La Haye du 25 octobre 1980 sur les aspects civils de l'enlèvement international d'enfants. Il nous faut rapporter la preuve de ce que les conditions du risque grave sont réunies. Tel semble être le cas, au vu du rapport Richt, mais j'attends maintenant de voir l'attestation de l'experte française demandée par le docteur Richt. » Comme je ne connaissais aucune experte digne de confiance dans la région, maître Tollides me recommanda une excellente psychologue experte à la cour d'appel de Rouen avec laquelle il avait travaillé plusieurs fois. La chance nous souriait car Karine Roufignac avait justement un désistement le mercredi suivant. J'organisai avec enthousiasme notre excursion en voiture avec Gwendolyn et louai une chambre d'hôtel pour une nuit. Cela faisait deux semaines que nous étions en France, le soleil ne nous avait pas quittées et Gwendolyn dormait, mangeait, riait de nouveau normalement. Elle n'était plus tourmentée par des sorcières. Gwendolyn était ravie d'« aller visiter la France » et de rencontrer la psychologue. Mme Roufignac, une brune charismatique d'une quarantaine d'années, me salua brièvement avant de faire entrer Gwendolyn dans son cabinet. Je vis tout de suite qu'elle plaisait à ma fille qui lui sourit et la suivit immédiatement. L'examen dura près de trois heures à l'issue desquelles l'experte me fit passer dans son cabinet. Souriante, Gwendolyn se précipita dans mes bras. Elle semblait avoir passé un excellent moment. Je l'écoutais, médusée, énoncer les mêmes conclusions que la psychiatre de New York sur l'état de Gwendolyn : ses affects dépressifs, la dynamique intolérable causée par son père et sa belle-mère. Elle avait tout compris ! Inquiète pour Gwendolyn, elle envisageait de faire un signalement au procureur de la République. Je n'en croyais pas mes oreilles. En trois heures, elle avait découvert ce qu'aucun expert new-yorkais, à l'exception de la courageuse Victoria Richt, n'avait décelé ! J'en avisai aussitôt maître Tollides : « Cette psychologue agit en son âme et conscience et considère qu'il est de son devoir de signaler. Il est difficile de penser qu'elle est à votre solde. Les experts français obéissent à des règles de déontologie strictes. Nous allons voir ce que va faire le procureur maintenant. »

Mme Roufignac écrivait notamment :

« [...] *La figure maternelle est appréhendée comme chaleureuse et contenante, elle est celle qui assure la sécurité affective. Gwendolyn recherche une relation exclusive avec sa mère pour maintenir un état de protection continue. Mais elle est aussi capable de se séparer de sa mère pour établir une relation signifiante à autrui.* [...] *Si Gwendolyn exprime un réel attachement affectif à l'égard de son père, la relation actuelle qui s'est instaurée entre le père et l'enfant génère un malaise et un état anxieux. Gwendolyn décrit des scènes de violences régulières dont elle fait l'objet de la part de sa belle-mère. Elle explique que celle-ci l'a mise dehors sous la pluie pendant plusieurs heures, l'enferme régulièrement dans sa chambre avec interdiction d'en sortir, la secoue violemment en criant, la projette contre le mur, ne supportant pas ses pleurs. Il semble aussi que Gwendolyn fasse l'objet d'humiliations et de dévalorisation de la part de sa belle-mère qui ne lui reconnaît pas de qualités. Gwendolyn craint les réactions spontanées, impulsives, agressives de sa belle-mère qu'elle ne parvient pas à anticiper pour pouvoir tenter de s'en protéger. Gwendolyn reste alors en état d'alerte et de vigilance affective* [...] *La figure paternelle n'est pas appréhendée comme protectrice. Gwendolyn éprouve un sentiment de délaissement et de solitude affective qui active une angoisse d'abandon* [...] *De plus, Gwendolyn décrit des attitudes paternelles qui la dérangent : enlacements imposés, baisers sur le ventre et sur la bouche, obligation paternelle de laisser la porte des toilettes ouverte et de descendre la culotte jusqu'en bas des jambes pour pouvoir les écarter, avec contrôle visuel du père. Cette recherche de proximité corporelle gêne Gwendolyn, qui dit tenter de s'opposer aux comportements paternels en exprimant son refus, mais que celui-ci n'en tient pas compte et réitère ses comportements, appréhendés comme intrusifs par la petite fille.* [...] *Gwendolyn présente un état anxieux. Il existe des difficultés d'endormissement avec cauchemars dont le thème principal est l'agression qui met en jeu son pronostic vital. Elle est sujette à des images flash qui s'imposent spontanément à elle et qui évoquent le comportement destructeur de sa belle-mère à son encontre. Il existe des affects dépressifs avec ressenti de tristesse* [...]

«*Le discours de Gwendolyn sur son vécu apparaît comme authentique et sincère. Il semble qu'elle soit appréhendée comme une rivale par sa belle-mère. Cette rivalité place alors l'enfant et l'adulte dans la même position : être l'objet exclusif du désir et de l'attention du père/mari. Il existe un processus de chosification dont Gwendolyn est la victime. Seule la figure maternelle semble assurer la protection affective de l'enfant. Gwendolyn exprime alors le désir de vivre en continu avec sa mère, recherchant ainsi une réassurance. Elle n'imagine rien d'autre que de rester en France pour mettre de la distance avec le couple paternel. Les éléments du discours de Gwendolyn témoignent d'une situation de danger, compte tenu des épisodes de maltraitance physique et psychologique dont elle fait l'objet* [...] *Il existe une douleur psychique avec altération du narcissisme. La demande de protection de l'enfant est à entendre pour lui permettre d'évoluer favorablement et d'échapper à un état de stress post-traumatique.*»

Le compte rendu de l'experte française était étonnant d'acuité. Elle avait découvert des aspects essentiels de la psychologie de Gwendolyn et, surtout, elle avait réagi en alertant les autorités judiciaires françaises. Les États-Unis et leurs armées de spécialistes de la protection de l'enfance avides et insensibles semblaient à des années-lumière ! Maître Tollides m'apprit que le procureur de Quimper, au vu du signalement, avait demandé que Gwendolyn et moi restâmes en France pendant la durée de l'enquête. J'étais heureuse que le destin se soit chargé de décider pour moi, mais terriblement angoissée car j'imaginais la fureur de Julian et je savais qu'il ne reculerait devant rien pour se venger de moi et récupérer sa fille. Les dés étaient jetés.

*

«*Je suis l'avocat de Mme Caroline Bréhat. Je vous informe qu'à la demande du procureur de la République française de Quimper, Mme Caroline Bréhat et Gwendolyn resteront en France pendant la durée de l'enquête sur le signalement fait par la psychologue de Rouen, Catherine Roufignac.*»

Le message envoyé par maître Tollides le 29, le jour de notre retour supposé, à Julian était laconique. Julian réagit promptement et avec beaucoup de sang-froid. Il contacta le Département d'État américain et introduisit une requête de retour en application de la convention de La Haye du 25 octobre 1980 sur les aspects civils de l'enlèvement international d'enfants, engagea un cador parisien, un avocat spécialiste de la question, et, sur la base du changement de circonstances, demanda l'autorité et la garde exclusives de Gwendolyn au tribunal du Queens où il avait déjà obtenu une ordonnance de protection contre moi. Je fus, à la demande du procureur de Quimper, rapidement entendue par les gendarmes de la petite ville où habitaient mes parents. Gwendolyn fut examinée par un pédiatre, qui ne constata ni marque ni lésion, puis entendue par une femme gendarme.

Le récit de Gwendolyn ne dévia pas de ses déclarations antérieures, mais le procureur de Quimper avait les mains liées : conformément au mécanisme de la convention de La Haye actionné par Julian, il revenait maintenant à une juge aux affaires familiales du tribunal de première instance de Rennes de statuer sur le « rapt parental » dont je m'étais rendue coupable. Selon cette convention, la rétention de Gwendolyn en France, c'est-à-dire hors de sa résidence habituelle de New York sans l'accord de Julian, également détenteur de l'autorité parentale, constituait une voie de fait à laquelle il fallait mettre fin dans les plus brefs délais, sans examen au fond du litige latent existant entre les protagonistes. Le retour immédiat de Gwendolyn à sa résidence habituelle devait logiquement être ordonné sans délai, le but de la convention de La Haye étant de revenir, aussi rapidement que possible, au statu quo existant avant ce déplacement ou la rétention illicites. Toutefois, compte tenu de la situation de maltraitance dont était victime Gwendolyn à New York, maître Tollides espérait que nous pourrions nous prévaloir d'une des dispositions, prévues à l'article 13 de la convention, qui prévoit une exception au retour, lorsqu'il existe « un risque grave que le retour de l'enfant ne l'expose à un danger physique ou psychique, ou de toute autre manière ne le place dans une situation intolérable », le recours à cette exception étant évidemment extrêmement limité afin de ne pas priver la convention de son sens. La juge aux affaires familiales (JAF) de Rennes devait donc décider s'il pouvait être fait exception au retour immédiat de Gwendolyn à sa résidence habituelle de New York, en vertu d'un danger. L'audience était fixée à Rennes le 16 novembre 2013.

Je prenais graduellement conscience grâce à mes recherches qu'il allait me falloir lutter contre des préjugés et stéréotypes gigantesques concernant ce type de « déplacement d'enfant », généralement considéré comme l'acte d'un « parent malsain », désireux de priver l'autre parent de son enfant pour lui nuire. Il me fallait prouver que, loin des idées reçues, c'était Julian le « parent malsain », pas moi. Les autorités des pays ayant ratifié cette convention affirment que les mères n'ont qu'à saisir le tribunal du pays de résidence habituelle de l'enfant pour obtenir l'autorisation d'emmener l'enfant dans leur pays au lieu de l'« enlever » de manière aussi irresponsable. Cette justification me paraissait hypocrite pour plusieurs raisons : d'abord, dans un pays comme les États-Unis, où la justice est excessivement coûteuse, comment une mère désargentée peut-elle s'acquitter des sommes astronomiques réclamées par les avocats et autres experts ? Ensuite, aux États-Unis surtout, la requête de relocalisation est vouée à l'échec, les juges ayant tôt fait de l'interpréter comme une tentative d'aliénation parentale. Tous les avocats que j'avais consultés m'avaient avertie que ces requêtes entraînent fréquemment un transfert d'autorité parentale en faveur du père. Enfin, cette convention postule le bon fonctionnement des systèmes judiciaires des pays l'ayant ratifiée et signée. Or, j'allais l'apprendre, de telles différences existent : culture, représentations sociales, modes de financement, lois, organismes de protection, groupes de pression…

La convention de La Haye a initialement été mise en place pour lutter contre les enlèvements internationaux d'enfants par des pères qui emmenaient leurs enfants au Maghreb ou au Moyen-Orient, mais le profil du parent ravisseur a bien changé. Ce sont le plus souvent des femmes, maintenant, qui retournent dans leur pays pour échapper à leur époux violent. Fait étrange, malgré la multitude de campagnes de sensibilisation à la violence conjugale, les mères « rapteuses » sont systématiquement soupçonnées de tenter de manipuler la justice en faisant de fausses allégations de violence (le SAP encore). Des études réalisées par le doyen de la faculté du bien-être social de l'université de Californie, Berkeley, Jeffrey Edelson, démontrent que les tribunaux ordonnent quasiment systématiquement le retour des enfants chez leur père violent sans faire le lien entre cette violence et la violence à l'encontre des enfants et sans considérer leur intérêt supérieur. Prouver que j'avais « déplacé » Gwendolyn pour la protéger de son père n'allait donc pas être une mince affaire. Les chances étaient infimes, et je savais que Julian en avait conscience.

Mon adversaire n'était donc plus un système judiciaire, en l'occurrence américain, manipulé par un père fou, mais prodigieusement convaincant, et par des lobbies, appuyé par une lecture sociale antimères et une industrie du divorce prédatrice. Mon nouvel adversaire était un traité international qui semblait reposer sur une vision patriarcale et visait à promouvoir avant tout la bonne entente entre la France et les États-Unis en renvoyant Gwendolyn aux États-Unis. Lequel des deux était le plus redoutable ? Je demeurais persuadée que mes atouts étaient plus nombreux dans mon pays, parce que la justice y était plus juste et moins coûteuse, que Julian n'y maîtrisait pas les codes et que j'y avais enfin à mes côtés un avocat impliqué et talentueux.

20

Profilage

La psychiatrie est une discipline totalement impénétrable pour le novice, et hormis le narcissisme irréfutable de Julian, noyau commun à tous les troubles de la personnalité, comment identifier le mal dont il souffrait exactement ? Même le docteur Richt se demandait souvent s'il croyait ses mensonges, qui devenaient dès lors les délires d'un psychotique, ou s'il mentait sciemment, ce qui faisait de lui un manipulateur, un psychopathe. J'avais passé des années à tenter de décrypter Julian, de donner du sens à sa folie pour mieux m'adapter et protéger Gwendolyn, mais je n'avais jamais obtenu la moindre certitude. Maître Tollides fut immédiatement fasciné par la personnalité inquiétante de Julian. Il mesurait parfaitement les risques psychologiques graves encourus par Gwendolyn, mais je compris très vite qu'il avait besoin d'aide pour sensibiliser les juges à cette réalité. Cette aide providentielle nous fut apportée par Thibaut. Je le rencontrai par l'intermédiaire de Nathalie, une amie d'enfance, qui travaillait à Paris comme infirmière psychiatrique et dont les analyses de la personnalité de Julian depuis notre séparation m'avaient beaucoup éclairée. Gwendolyn était à mes côtés en France, mais j'étais à bout de nerfs pendant l'automne 2013. L'avocat américain de Julian, un expert new-yorkais en matière d'enlèvements internationaux d'enfants, venait d'obtenir un mandat d'arrêt contre moi dans l'État de New York, et son avocat parisien avait d'ores et déjà averti maître Tollides que Gwendolyn n'échapperait pas à la règle : elle repartirait dans son pays de résidence habituelle où je ne pourrais même pas aller lui rendre visite puisque j'y serais emprisonnée. Je commençais à douter du bien-fondé du maintien de Gwendolyn en France. C'est à ce moment que Thibaut entra dans nos vies. Il était psychologue et soignait des enfants et adolescents psychotiques depuis vingt ans. Veuf, toujours très affligé par le décès de sa femme, Thibaut noua rapidement une amitié avec moi. Il me conseilla une excellente psychiatre pour Gwendolyn, qui, face à la détresse d'une enfant terrorisée par la perspective de repartir aux États-Unis, ne tarda pas à faire un signalement au procureur. Je lui racontais Julian, son absence de culpabilité et d'empathie, son attachement fusionnel à Gwendolyn et la sensation intolérable d'avoir laissé entrer le Mal et ses attributs, le mensonge, la haine et la violence, dans notre vie. Thibaut semblait réellement intéressé par le côté sombre de Julian. Il était en terrain connu et ses « bizarreries » lui semblaient « normales » compte tenu de sa personnalité. Il se métamorphosa donc en profileur et décortiqua méthodiquement les anciens e-mails de Julian, ses sites Internet, ses pages Facebook et les articles qu'il avait publiés dans les médias américains, m'interrogeant sur ses actions et réactions, me faisant préciser des comportements, des détails. Thibaut comprenait, sans l'ombre d'un doute, ce que j'avais obscurément perçu, mais que je m'étais refusée à admettre pendant toutes ces années, et y trouvait du sens. Julian réunissait toutes les caractéristiques inquiétantes des dangereux criminels, des escrocs et gourous : leur charme ravageur, leur mégalomanie, leur mythomanie, leur cruauté, voire sadisme, leur malhonnêteté, leur absence d'empathie et de culpabilité et leur capacité de persuasion extrême. Pour sauver Gwendolyn, il allait falloir convaincre les juges français de la dangerosité de Julian, celle-là même qu'il avait toujours réussi à projeter sur moi aux États-Unis. Il nous incombait de le prouver, ce qui était un exercice d'équilibriste car les JAF français se laissent de plus en plus guider par le SAP et ont la réputation de détester entendre un parent « dégommer » l'autre parent, l'intérêt de l'enfant étant de maintenir une relation stable et équilibrée avec les deux parents. Mais la situation de Gwendolyn était bien différente : Julian était un père dangereux qui adhérait à sa propre réalité et il fallait absolument donner à maître Tollides les moyens de le faire comprendre au juge.

Je sentis très tôt que maître Tollides se passionnait pour le « dossier Gwendolyn ». Il avait de l'affection pour ma fille et était convaincu de la dangerosité de Julian. Il travaillait d'arrache-pied, même la nuit et le week-end. Sa secrétaire me confia qu'il souffrait d'insomnies et d'eczéma tant il craignait que la juge n'ordonne le retour de l'enfant chez son père. La conviction inébranlable affichée par Julian que j'avais manipulé les spécialistes afin qu'ils fassent des signalements, son absence totale de remise en question face aux multiples témoignages exposant les souffrances de Gwendolyn, sa conviction qu'elle était parfaitement heureuse à ses côtés et sa certitude d'être un père irréprochable, victime d'une mère monstrueuse, en un mot sa rigidité, lui paraissaient particulièrement inquiétantes et pathologiques. Maître Tollides tentait de donner du sens aux réactions de Julian, à ses comportements, à ses rages et à sa folie, et m'interrogeait longuement sur notre passé. Il se nourrissait de mes réflexions, de mes souvenirs et des « éclaircissements » de Thibaut. Julian clamait désormais qu'il avait été à l'origine des manifestations de Seattle, qu'il avait initié le printemps arabe et le mouvement Occupy Wall Street. Il prétendait avoir prévu les attentats du 11 septembre 2001 et affirmait qu'il allait bientôt partir faire une tournée mondiale pour « unifier » le monde. Thibaut estimait que ses revendications grandioses, ses multiples changements de nom, le réaménagement de ses souvenirs d'enfance et son récent changement de religion participaient de son fantasme prophétique et prouvaient que Julian n'adhérait pas totalement à la réalité.

Le rapport de Julian à la réalité m'interrogeait particulièrement depuis qu'il était devenu père. En effet, Julian ne se contentait pas de refouler ni de contourner une réalité lorsqu'elle lui paraissait insupportable. Il la néantisait. Il pouvait, par exemple, lorsque nous nous disputions, m'accuser de faire de sa vie un enfer, puis m'affirmer dix minutes après que notre couple se portait très bien et faisait même l'envie de tous nos amis. Il s'agissait selon Thibaut de déni, des mécanismes psychologiques de défense visant à contrer une réalité insupportable. Dans ses conclusions écrites, Julian affirmait, par l'entremise de son avocat, que Gwendolyn était merveilleusement heureuse avec lui, qu'elle ne souffrait pas à ses côtés et avait même très envie de revenir vivre chez lui. Ces dénis étaient confondants puisque les signalements évoquaient au contraire la terreur de Gwendolyn à la perspective de repartir à New York. Il faisait totalement abstraction des rapports d'experts qui constataient les affects dépressifs de Gwendolyn, ses tendances suicidaires. Il les néantisait.

Les symétries perpétuelles opérées par Julian, son fonctionnement « en miroir » avaient failli me rendre folle lors de notre vie commune. Il évacuait tout désir insupportable, toute caractéristique difficile à assumer, et les projetait sur moi. Il me les attribuait. J'étais une sorte de réceptacle dans lequel il pouvait dévider tout le mal qui se trouvait en lui. Il s'agissait de projections qui d'ailleurs envahissaient ses conclusions. Lorsqu'il affirmait, toujours par l'intermédiaire de son avocat, que j'étais une mère pathologique, dangereuse, qui pratiquait le lavage de cerveau sur Gwendolyn, c'était de lui dont il parlait. C'était Julian qui tentait d'inculquer ses pensées à Gwendolyn, qui la manipulait psychologiquement. De même, Julian semblait parfois « cliver » sa fille, c'est-à-dire l'idéaliser et la détester tout à la fois, comme il l'avait fait avec moi dans le passé. Il parlait de l'amour incommensurable qu'il portait à Gwendolyn tout en la traitant de « comédienne » et de « menteuse », comme moi, bien sûr, et la laissait sans nouvelles pendant de longues périodes.

Pendant notre relation, Julian m'avait écrit plusieurs chansons d'amour. Je n'avais jamais réussi à réécouter ces chansons, mais, dans mon pays, séparée de lui par un océan, je parvins à surmonter l'angoisse qui me saisissait en entendant sa voix. Je fus frappée de découvrir que ses chansons avaient plusieurs niveaux d'interprétation. C'était inouï. Un double sens était systématiquement dissimulé sous les mots. Sa première chanson d'amour, « Unspeakable Love », qui signifiait à première vue un amour impossible à exprimer tant il était fort, m'avait pourtant souvent troublée, et donné une impression de dissonance. La lumière se fit en lisant un article en anglais qui mentionnait l'expression « *unspeakable grief* ». Les Anglo-Saxons emploient généralement le mot *unspeakable* pour décrire quelque chose d'atroce, d'insupportable. *Unspeakable horror*. Julian avouait donc que son amour était atroce, qu'il faisait mal tant pour l'autre que pour lui-même car il détestait l'amour. Dans une autre de ses chansons, il évoquait son « étrangeté » liée au fait qu'il y avait au fond de lui un enfant qui « refusait d'accepter la réalité ». Cette chanson sonnait comme l'aveu de son immaturité pathologique et de sa tendance à recréer la réalité. Enfin, nombre de ses chansons faisaient référence à un « autre monde », « un prochain monde », reconstruit et unifié dans la paix et la non-violence. Thibaut m'expliqua que le monde que Julian tentait désespérément de pacifier et d'unifier c'était son monde intérieur à lui, un monde toujours prêt à se « morceler ». Julian semblait avoir un talent inné pour dissimuler un autre sens, une vérité intime et personnelle, sous les mots. Comme lui, ses mots portaient des masques.

Pour Thibaut, la violence latente, l'aplomb extrême de Julian, repérables tant dans ses écrits que dans ses comportements, mais surtout son utilisation constante du déni, des projections et des clivages signaient une personnalité psychotique, paranoïaque, qui se traduisait par un début de délire prophétique. Le danger pour Gwendolyn n'était dès lors plus seulement le suicide, mais la folie. La mission de maître Tollides était donc de faire tomber le masque de Julian devant les juges afin de leur faire comprendre l'enjeu réel : la vie de Gwendolyn. Il fallait adapter notre argumentation, notre ligne de défense, à cette donnée majeure, car elle ouvrait tout simplement l'exception prévue à l'article 13 b de la convention de La Haye prévoyant le retour systématique de l'enfant : l'exposition à un danger ou à une situation intolérable. La psychose de Julian ne pouvait pas être autre chose qu'un danger ou une situation intolérable. Encore fallait-il en convaincre les juges.

21

Verdict

Rennes, 19 novembre. Silencieuse et tremblante, je me tenais devant le minuscule bureau de la juge aux affaires familiales de Rennes en compagnie de maître Tollides, lorsqu'un homme en robe d'avocat aux yeux clairs, aux cheveux gris et à la stature imposante se présenta devant nous. Il s'agissait de maître Tarnec, et tout dans son comportement donnait une impression de dédain et de suffisance. Il murmura quelques formalités à maître Tollides et entra dans le bureau. Julian marcha solennellement derrière lui et me dépassa avec morgue. Il portait un de ses élégants costumes sombres et son incontournable mallette à la main gauche. L'expression sur son visage changea instantanément lorsqu'il rencontra le regard de la juge. Il arbora soudain une expression de douleur, et je crus déceler de la compassion dans les yeux de la magistrate.

La juge Théon était une femme d'une cinquantaine d'années à l'air sévère, qui tentait visiblement d'atténuer l'austérité de son visage par sa tenue : elle portait de longues bottes en cuir noir, une jupe évasée et un pull trop ajusté. Elle me fixa pendant un court instant et s'assit. Le souffle coupé, je la scrutai, suspendue à ses moindres mots, gestes et émotions.

– Il s'agit d'une affaire de déplacement international d'enfant. C'est une affaire peu banale même si le tribunal de Rennes en a déjà traité quelques-unes. Je tiens à vous dire qu'au cours de ma longue expérience de juge aux affaires familiales j'ai pu constater que les choses n'étaient jamais ni noires ni blanches. Madame n'est généralement pas la mère aliénante décrite par monsieur et monsieur n'est pas le père pervers décrit par madame. Les choses sont toujours un peu plus nuancées que cela, dit-elle en nous regardant froidement l'un après l'autre.

L'audience commençait mal. Cette juge, qui avait de toute évidence déjà pris connaissance des conclusions déposées par nos avocats, nous signifiait qu'elle ne voyait pas en Julian le père destructeur que nous lui avions décrit.

– C'est à vous, maître, dit-elle en regardant l'avocat de Julian.

Maître Tarnec déplia son presque double mètre avec une lenteur et une solennité désuètes. Il était persuadé de subjuguer la juge et de remporter ce dossier haut la main. Les jugements concernant les déplacements internationaux d'enfants n'étaient-ils pas depuis vingt ans toujours en faveur d'un retour dans le pays de la résidence précédente ? Maître Tarnec l'avait confié à maître Tollides : cette affaire serait vite pliée, il l'avait d'ailleurs promis à Julian. À mon grand soulagement, il ne s'exprimait pas aussi habilement que mon avocat. Il cherchait ses mots et le timbre de sa voix n'inspirait pas confiance. Il tenta pourtant un effet de manche et posa la main sur l'épaule de Julian.

– Mon client, ici présent, une figure publique connue, un artiste musicien considéré et apprécié des médias américains pour ses engagements en faveur des droits civiques et des droits de l'homme, s'est déplacé de New York pour récupérer son enfant, une enfant dont il s'occupait tendrement, qu'il recevait chez lui douze jours par mois, une enfant parfaitement heureuse comme le prouvent les photos que nous vous présentons, madame la juge, l'enfant qui lui a été enlevée par son ex-femme. Son ex-femme tente de manipuler les tribunaux français, après avoir tenté de manipuler les tribunaux new-yorkais en utilisant l'article 13 de la convention de La Haye. Elle oublie sans doute que le juge du pays de résidence, le juge de New York, est le juge naturel, le juge le plus apte à entendre les témoins et à apprécier les faits.

Tarnec jouait de son physique et de sa voix comme un de ces vieux comédiens, qui finissent par cabotiner, et pensent pouvoir prendre toute la place sur la scène en se déployant, aussi simplement qu'il s'était levé de sa chaise. Les coudes posés sur le pupitre, les mains jointes, maître Tollides écoutait attentivement la plaidoirie de son adversaire. La juge aussi. Elle semblait même captivée par son discours. Tournée vers mon avocat, je feignais d'écouter attentivement la plaidoirie, mais j'en étais bien incapable. Julian était dans mon champ de vision, et il me donnait des haut-le-cœur, littéralement. La tête de Julian était légèrement renversée et son visage arborait une expression de douleur atroce. Il avait poussé le raffinement dramaturgique jusqu'au mouchoir. Un mouchoir en dentelle blanc qu'il tenait dans la main droite.

– Madame la juge, le retour de Gwendolyn n'est pas « intolérable » pour des raisons objectives, telles qu'une guerre civile, une épidémie, comme Mme Bréhat essaie de vous le faire croire. Selon la jurisprudence internationale, les guerres civiles, les épidémies sont les seuls motifs justifiant le non-retour. Il existe en outre à New York des juridictions et des services sociaux concernés, très protecteurs des droits de l'enfant qui connaissent bien les parents et l'enfant. Rien n'empêche donc Mme Bréhat de repartir aux États-Unis. Jusqu'à la décision qui interviendra après expertise, les mesures antérieures restent en place, c'est-à-dire que Mme Bréhat continuera d'avoir Gwendolyn avec elle dix-huit jours par mois… Rien n'empêche Mme Bréhat de faire juger à New York qu'elle est un meilleur parent que le père et qu'elle doit pouvoir repartir avec Gwendolyn en France.

C'était tout à fait faux, bien sûr, puisque dès mon arrivée à New York, je serais arrêtée, jugée pour enlèvement d'enfant et emprisonnée. Mais la machine Tarnec était lancée et je ne doutais pas que le pire était à venir. Persuadé que Julian était la victime, maître Tarnec voulait défendre son client bec et ongles.

– Mme Bréhat tente donc d'instrumentaliser les tribunaux français avec un « chantage au suicide ». Une suggestion de chantage qui lui est venue tout naturellement pour l'inculquer à sa fille étant donné qu'elle menaçait souvent mon client de se jeter par la fenêtre pendant leur vie commune…

Je secouai la tête, incrédule. Maître Tollides me jeta un regard rassurant.

– Le combat de Mme Bréhat est devenu pathologique, elle est prête à accuser le père des pires forfaits pour lui soustraire sa fille. Il existe un risque très élevé de manipulation psychologique, d'aliénation parentale de l'enfant par la mère et de lavage de cerveau. Mme Bréhat est une grande manipulatrice, une mère pathologique, dangereuse dont il faut protéger Gwendolyn…

Je continuai de secouer la tête, de nouveau accablée par cette façon perpétuelle qu'avait Julian de m'attribuer ses propres sentiments, les pires. Mais l'expression et l'attitude de Julian me rappelaient soudain quelqu'un ou quelque chose. De qui s'agissait-il donc ? Il s'agissait des pietà, les statues des Vierges dans la douleur que j'avais souvent admirées dans les églises catholiques. C'était cela. Julian tentait d'incarner une pietà masculine, un *pater dolorosa*. Sauf que Julian s'apitoyait sur lui-même, pas sur son enfant comme le faisait la Vierge Marie. Avec son mouchoir, il essuya ostensiblement quelques larmes fugaces.

– Mme Bréhat se rend aussi coupable de délit de dénonciation calomnieuse et d'avoir manipulé Gwendolyn. Ne vous méprenez pas, madame la juge, les signalements des professionnels sont des certificats de complaisance obtenus par une mère procédurière qui a traîné son enfant de thérapeute en thérapeute en vue d'obtenir des attestations de complaisance. C'est elle qui a griffé Gwendolyn pour faire accuser mon client ; c'est elle, la mère aliénante, qui a organisé l'enlèvement de Gwendolyn avec le docteur Richt parce que pas moins de quatre jugements l'avaient déboutée aux États-Unis, et c'est parce qu'elle est bien connue des services de protection de l'enfance new-yorkais qu'elle se tourne désormais vers les tribunaux français. Mon client est convaincu que Gwendolyn ne refuse pas de repartir aux États-Unis avec lui. Il est prêt à ramener sa fille aux États-Unis dès le prononcé du jugement à intervenir afin que la juge de New York, juge de la résidence habituelle, saisie d'une demande d'autorité et de garde, puisse statuer sur l'affaire.

Cette dernière salve me liquéfia. Julian, par l'intermédiaire de son avocat, cognait dur, fort, sans pitié et sans retenue. La violence de ses propos laissait apparaître en filigrane ses capacités d'acharnement inouïes et me rappelait le jusqu'auboutisme du rapport McCaine, de Mussari, de Roth. Je levai des yeux suppliants vers mon avocat qui me jeta un regard réconfortant. Les paroles qu'il avait prononcées avant l'audience me revinrent en mémoire. « Ne vous inquiétez pas s'il vous agonit de calomnies. C'est de toute évidence sa tactique. Ne réagissez pas. » Je respirai profondément, mais j'étais ébranlée, secouée par la virulence et l'animosité de maître Tarnec à mon encontre. Même à l'étranger, Julian avait réussi à trouver un avocat qui n'a rien à envier à ses homologues américains : Tarnec était un clone de Roth. Comme lui, il se permettait de réécrire la réalité sans se soucier des preuves. Comme son client, Tarnec n'hésitait pas à déformer la vérité et à utiliser la technique du rideau de fumée, tellement pratique pour diaboliser l'adversaire et empêcher les juges de se concentrer sur l'essentiel : la souffrance de Gwendolyn, confirmée par de nombreux signalements. Et la magistrate française ne bronchait pas. Les juges français allaient-ils se laisser enfumer comme les juges américains ?

La déclamation du rhéteur en fin de péroraison me ramena dans le prétoire : « Bien sûr, personne n'en doute, ni mon client, ni les autorités de son grand pays, ni le ministère public, vous allez ordonner le retour immédiat de cette petite fille auprès de son père bien aimé ! » Je me mis à trembler sous l'œil triomphant de Julian. Tarnec en avait fini de ses effets de manche d'un autre âge, il s'assit auprès de son client, en le gratifiant d'un sourire satisfait et d'une bourrade virile sur l'épaule, sous le regard toujours aussi impassible de la juge.

– C'est à vous, maître, dit la juge en direction de mon avocat.

Près de moi, maître Tollides se leva tout d'un coup dans un bruit de chaise que l'on repousse. Il inspira longuement, plaça sa pile de feuilles devant lui. Je retins mon souffle, terrifiée, mais la voix de maître Tollides sonna claire et parfaitement intelligible, rassurante.

– L'objectif de la convention de La Haye est de garantir le retour immédiat *et sans danger* de l'enfant. Or pas moins de cinq spécialistes ont entendu l'enfant, que ce soit aux États-Unis ou en France, pas moins de cinq spécialistes ont considéré unanimement qu'un signalement aux autorités judiciaires s'imposait en raison du comportement de M. Jones et de sa nouvelle épouse, provoquant chez Gwendolyn des idées suicidaires d'autant plus précises, fréquentes, formulées, qu'elles sont niées par son père. Il existe un risque majeur de passage à l'acte suicidaire, noté par tous les spécialistes qui ont examiné Gwendolyn, un risque de « lavage de cerveau » en cas de retour de Gwendolyn, contrainte de présenter la figure du bonheur en la présence de son père. M. Jones pratique le déni, il est incapable d'accepter et de prendre en compte la souffrance de sa fille…

Les yeux de Julian s'assombrirent soudain, voilés par une expression menaçante, et pendant l'espace d'une demi-seconde, je reconnus l'autre Julian. Celui qui se cachait derrière le masque. Je frissonnai, et il me sembla détecter sur son visage un sourire fugace. Les yeux de la juge étaient braqués sur mon avocat, qui était impressionnant. Aucun effet de manche, ni de surprise. Il s'exprimait avec éloquence, mais il émanait surtout de lui une impression de sincérité. Maître Tollides était convaincu de ce qu'il avançait, et ses inflexions

vocales en témoignaient. La juge écoutait a
et prenait des notes par intermittence. Soı
trahissait aucune émotion.

– La psychiatre new-yorkaise de Gwendolyn explique d'ailleurs dans son plan de traitement que « le plus important est que l'enfant puisse s'accrocher à ses pensées et sentiments réels » et que la « perception de Gwendolyn est souvent déformée par le fait que son père lui répète que ce qu'elle pense n'est pas vrai et qu'elle n'éprouve pas les sentiments qu'elle éprouve ». Tous les témoignages, toutes les preuves concordent donc : cette enfant est exposée à un *grave danger*.

Je scrutai le visage de Julian, mais il restait cette fois totalement impassible. Son avocat secoua la tête et leva les yeux au ciel, mais maître Tollides poursuivit, stoïque.

– Il existe également un risque important de représailles contre Gwendolyn et le fait que, contrairement à ce qu'avance maître Tarnec, ma cliente n'aurait pas la moindre chance de s'en sortir si elle devait repartir à New York. Je rappelle qu'un mandat d'arrêt a été délivré contre elle à la demande de M. Jones, bien qu'il s'en défende. Elle y serait immédiatement arrêtée, et probablement condamnée à une lourde peine. Elle serait quoi qu'il en soit privée de son enfant, qu'elle ne pourrait plus voir que quelques heures par mois, en présence d'un travailleur social. Est-ce vraiment ce que l'on souhaite à une fillette victime des violences de son père ? Est-ce vraiment ce que l'on souhaite à une mère dont le seul but est de protéger sa fille ?

Cette question déclencha en moi un tremblement intempestif. Je soupirai doucement, et me redressai sur ma chaise, tentant de me ressaisir. La juge me jeta un coup d'œil glacial. Tout d'un coup, Julian se mit à pleurer et se moucha bruyamment tandis que son avocat lui tapotait l'épaule avec une pitié feinte et ostensible. Je n'ignorais pas bien sûr que Julian était un comédien né, l'ayant découvert dans le rôle de l'amoureux transi, mais son jeu dans son nouveau rôle, celui du père éploré, méritait un oscar. Sa performance extraordinaire devant le coin des poètes de la cathédrale de Saint-Patrick, où il m'emmenait souvent, me revint soudain en mémoire. Je le revis, agenouillé devant moi, le coffret contenant une bague de fiançailles dans la main gauche. Je frissonnai en me revoyant accepter immédiatement, folle de joie à l'idée de devenir sa femme. La juge allait-elle aussi se faire duper ? La voix de mon avocat me ramena soudain au présent.

– M. Jones ne tente pas seulement d'imposer sa réalité déformée à sa seule fille, mais à chacun, y compris aux médecins et aux autorités judiciaires. Il déforme notamment, avec une conviction et un aplomb stupéfiants, les paroles ou les écrits de nombreux intervenants, à sa guise. Il fait dire au médecin de Mme Bréhat que celle-ci était suicidaire alors que ce praticien témoigne du contraire, et dénonce la manipulation de M. Jones. Il transforme aussi la réalité judiciaire, lorsqu'il demande une ordonnance de protection contre sa femme (ce que tout le monde peut demander et obtenir sans plus de justification à New York) et laisse entendre qu'il s'agit d'une condamnation, pour agression sexuelle, ce qui n'est évidemment pas le cas… Il me semble donc tout à fait inenvisageable de renvoyer cette petite fille à New York.

Gwendolyn fut entendue par la juge peu de temps après. Elle expliqua posément et clairement ce qu'elle avait vécu chez son père. Elle confirma aussi la position du docteur Richt comme le notait le compte rendu d'audience : « Mon père ne pense pas qu'il ment. Il ne le sait pas. Il ment quand il n'aime pas la réalité. Comme il n'aimait pas qu'Alicha m'avait mise sous la pluie, il ment et va le penser vraiment. » Pourtant, quelques semaines après, la juge Théon ordonna le retour de Gwendolyn « chez sa mère et avec sa mère » à New York. Elle motiva sa décision en expliquant que les « positionnements éducatifs chez le père et la belle-mère sont rigides et qu'ils réagissent de manière inadaptée aux souffrances de l'enfant qu'ils n'interprètent pas comme tels ». Elle ajoutait que le fait de constater que l'enfant préférerait être chez sa mère « déclenche des propos et des réactions chez M. Jones et sa femme qui ne font que renforcer le mal-être de la fillette » et « que la belle-mère utilise des méthodes éducatives qui apparaissent pour le moins discutables et administre des punitions qui ne peuvent qu'être mal vécues ». Elle considérait que je devais détenir l'autorité et la garde – mais elle ordonnait le retour. Était-elle naïve au point de penser qu'un juge américain allait se soumettre à sa volonté et m'attribuer la garde ? N'avait-elle pas compris que je serais arrêtée aux États-Unis et que je perdrais la garde ? Nous décidâmes de faire appel. Il y avait peu de chances de gagner, mais que faire d'autre ? Comment me résoudre à remettre Gwendolyn à un père tel que Julian après tout ce que j'avais découvert ? Nous devions tirer les leçons de nos erreurs et mieux faire prendre conscience aux juges d'appel de la personnalité qu'ils avaient en face d'eux.

Pendant des jours et des nuits entiers, Thibaut et moi travaillâmes à la nouvelle argumentation. Je contactai des juristes américains éminents pour leur demander d'expliquer aux juges d'appel les risques que j'encourrais et pourquoi il m'avait été impossible de protéger Gwendolyn et de faire aux États-Unis une demande d'autorisation de relocalisation, afin de déménager et de m'installer en France avec elle. Merle Weiner, professeur des universités, experte en droit international de la famille, spécialiste de la convention de La Haye, rédigea une attestation expliquant que la garde de Gwendolyn serait probablement confiée exclusivement à son père, et que je serais arrêtée et condamnée, ce qui était fréquent dans l'État de New York puisqu'il me serait reproché d'avoir éloigné de son père mon enfant, fût-ce pour son bien. Elle affirma que le parent qui dénonçait les mauvais traitements infligés par son ex-conjoint à un enfant était systématiquement considéré comme suspect aux États-Unis : « Le parent protecteur qui transmet des allégations de maltraitances rencontre des obstacles très importants en matière de procédures de garde. » Merle Weiner citait une affaire dans laquelle une mère avait perdu la garde de son enfant, qui avait été confiée au père violent après qu'elle avait demandé l'autorisation de s'installer ailleurs. La juriste décrivait la propension de la justice américaine à ne pas entendre la voix de l'enfant en danger ou du parent protecteur (lui-même considéré comme un parent aliénant).

Je contactai également les organisations et chercheurs avec lesquels j'avais pris langue dans le cadre de mon enquête quelques mois auparavant. Tous accréditaient les dires de Merle Weiner. Tous évoquaient une « crise nationale » américaine en matière de protection de l'enfance, une situation kafkaïenne imputable au lobbying effréné et hyperefficace des mouvements des pères divorcés. L'opinion de Merle Weiner fut d'ailleurs confirmée par deux autres juristes américains spécialistes de la convention de La Haye, le professeur Shani King et le professeur Carol Bruch, qui expliquèrent qu'il était « hélas fréquent que les juges américains soient plus préoccupés par la punition à infliger à une personne en fuite que par la protection de l'enfant » et redoutaient donc que, « même si le juge américain considérait que le père représente une menace pour l'enfant, il lui confierait tout de même la garde ».

J'analysai minutieusement les documents explicatifs écrits par les auteurs de la convention de La Haye pour découvrir les intentions exactes de ses rédacteurs concernant l'exception au retour mentionnée dans l'article 13. Je découvris que le fonctionnement de cette convention tel qu'initialement défini par ses auteurs était souvent négligé par les juges. Mme Perez-Vera, rapporteur à la quatorzième session de la Conférence de La Haye, expliquait déjà en 1980 dans son rapport explicatif, au paragraphe 25 : « Il faut cependant admettre que le déplacement d'un enfant peut parfois être justifié par des raisons objectives touchant soit à sa personne, soit à l'environnement qui lui était le plus proche. » Puis, au paragraphe 29 : « L'intérêt de l'enfant de ne pas être déplacé de sa résidence habituelle, sans garanties suffisantes de stabilité de la nouvelle situation, cède le pas devant l'intérêt primaire de toute personne de ne pas être exposée à un danger physique ou psychique ou placée dans une situation intolérable. » Je lus attentivement le « Guide des bonnes pratiques » publié par le Bureau permanent de la Conférence de La Haye en matière de demandes de traitement de retour dans le cadre de l'enlèvement d'enfants. Ce guide réitérait cet avertissement sous une autre forme : « Bien que l'interprétation étroite de ces exceptions soit la bienvenue et conforme aux attentes de leurs rédacteurs, il est important de reconnaître qu'il existe des circonstances justifiées dans lesquelles ces exceptions doivent être appliquées. »

Gwendolyn était toujours scolarisée dans l'école privée de la petite ville où habitaient mes parents, mais depuis qu'elle connaissait la décision de la juge, elle allait de nouveau mal. Elle développait des troubles alimentaires, se réveillait en hurlant la nuit et racontait à ses camarades d'école qu'elle «ne retournerait pas vivante aux États-Unis parce qu'elle voulait que sa maman puisse venir sur sa tombe». Lorsqu'un jour, alors que j'étais sortie m'entretenir avec une avocate qui travaillait pour une association de défense des femmes, les gendarmes se présentèrent au domicile de mes parents, elle fut prise d'une crise d'angoisse massive et courut se cacher dans un placard. Je conseillai à mes parents, qui me contactèrent immédiatement, de l'emmener à l'hôpital où elle fut hospitalisée pendant trois jours. Alarmé par les déclarations de Gwendolyn, le chef du service pédiatrique fit un nouveau signalement au procureur de Quimper.

Nous avions, après de longs débats, décidé d'un changement radical de tactique. Quand le combat est manifestement perdu, il faut changer trois choses : le terrain, c'est ce que j'avais fait en quittant New York, mais aussi les règles du jeu et les armes. Les juges aux affaires familiales détestent les accusations trop virulentes, mais nous possédions la matière pour les appuyer. Nous étions bien décidés à dessiller leurs yeux et à leur démontrer que la personnalité psychotique de Julian interdisait absolument tout retour de Gwendolyn auprès de lui.

*

Palais des ducs de Bretagne, Rennes, 17 mars. Les trois juges d'appel, le président et ses deux conseillers étaient assis en face de moi sur une estrade. Derrière eux, des boiseries somptueuses représentaient des scènes du XVIIe siècle. Les magistrats attendaient impassibles que tout le monde prenne place. Deux étudiantes en droit s'assirent aussi silencieusement que possible dans notre dos. Les trois juges en robe noire avec une épitoge herminée ne quittaient pas les protagonistes des yeux, ils semblaient étudier chacune de nos expressions. Le président se démarquait par sa prestance et ses traits aristocratiques. Il m'impressionnait : tremblante, sans doute recroquevillée, j'étais écrasée d'anxiété devant ce demi-dieu qui tenait ma vie et celle de Gwendolyn entre ses mains.

Le cadre des débats ajoutait à mon émotion : notre audience se tenait dans une enceinte qui méritait son nom de palais, une bâtisse immense, toute de tapisseries, de chêne massif et de granits monumentaux, à la somptueuse architecture classique, où siégeait le parlement de Bretagne jusqu'à sa dissolution par la Révolution française en février 1790. Ce palais, qui avait été ravagé par les flammes vingt ans avant notre audience, avait été déclaré définitivement perdu par l'État français, mais la ténacité et l'acharnement des Bretons lui avait permis de se relever comme un phœnix. Ce parlement invincible me rassurait. Je m'y sentais chez moi, sur mon territoire, dans mon histoire, celle de mon pays, la France. Quel contraste avec les bâtiments new-yorkais délabrés et sans âme !

Comme lors de l'audience de première instance, les deux avocats siégeaient au centre, séparés par le couloir médian, tandis que Julian et moi étions assis aux deux extrémités de la rangée. Nous pouvions donc facilement et discrètement nous épier lorsque nos avocats plaidaient. Julian, le *con artist*, ce maître de la séduction, avait une nouvelle fois revêtu ses plus beaux atours et posé sa mallette en évidence à ses pieds. Je ne pouvais m'empêcher de me dire que son numéro allait être à la hauteur du cadre qui nous entourait : saisissant. Pourtant, il semblait nerveux, troublé – notre nouvelle argumentation, qui lui avait été communiquée à l'avance dans un jeu de conclusions, l'aurait-elle touché ?

La voix sûre du président sonna le commencement des hostilités : « Nous vous écoutons, Maître. » Mon avocat se leva et respira longuement avant de se lancer.

« Monsieur le Président, messieurs les juges, l'affaire qui nous réunit aujourd'hui est une affaire extraordinaire. Mme Bréhat est appelante d'une ordonnance rendue par madame la juge aux affaires familiales du tribunal de grande instance de Rennes, en date du 10 décembre 2013, qui a ordonné le retour de l'enfant Gwendolyn Jones, au domicile de sa mère, et donc de l'appelante, à New York et ordonné l'exécution provisoire de la décision.

Je connaissais la plaidoirie de maître Tollides par cœur. Nous avions passé des jours, des nuits à peser chaque phrase, chaque terme, chaque concept. Nous avions tiré les leçons de la première instance et, cette fois-ci, nous étions bien plus préparés, plus offensifs. Nous y avions intégré le fruit de nos analyses « psy » sur Julian : sa violence, ses projections, sa folie, sa paranoïa. Tout s'était soudain éclairci dans mon esprit, et la plaidoirie de maître Tollides avait été rédigée pour sensibiliser les juges d'appel à la dangerosité de Julian.

Tarnec écoutait l'argumentation de mon avocat, tête baissée. À ses côtés, Julian, dont le coude était posé sur le dossier de sa chaise, était fébrile. Il ne cessait de s'agiter. Maître Tollides continuait de rappeler l'historique de l'affaire. Sa voix portait et sa déclamation spontanée et élégante captait l'attention de l'audience.

– Mme Bréhat a toujours eu le souhait que son enfant s'épanouisse lors des périodes passées en son domicile, mais également lors des séjours chez son père. Elle n'a toutefois pu que constater que sa fille manifestait de plus en plus de troubles lorsqu'elle devait se rendre chez M. Jones, exprimant des craintes de plus en plus fortes, ce sentiment de peur s'accompagnant notamment de crises de tremblements. L'enfant faisait part à sa mère d'épisodes de plus en plus violents à son retour. Malgré cela, Mme Bréhat a toujours respecté les termes des décisions rendues, tentant d'apaiser l'enfant, de la convaincre. Les craintes de Mme Bréhat ont redoublé lorsque la thérapeute de l'enfant lui a fait part des pensées suicidaires de Gwendolyn, provoquées par les périodes passées en compagnie de son père et de la seconde épouse de celui-ci. Lors de son séjour en France, en été, elle a décidé de suivre les conseils du docteur Richt, et de consulter une psychologue, afin d'avoir un second avis. Mme Roufignac, dont les conclusions seront également évoquées ci-dessous, a confirmé le bien-fondé des craintes éprouvées par la concluante. L'experte a considéré devoir également faire immédiatement un signalement au parquet. Rappelons que les experts, psychologues et médecins français sont soumis à un code de déontologie strict, et qu'ils peuvent être sanctionnés, professionnellement et pénalement, en cas de faux signalement ou de certificat de complaisance. M. Jones n'hésite pourtant pas à mettre systématiquement en doute les rapports et certificats produits ainsi que la compétence de leurs auteurs…

C'est ainsi que le retour de Gwendolyn a été ordonné, mais au domicile de sa mère. Cette décision ne peut être exécutée, Mme Bréhat n'ayant plus de domicile à New York. Le premier juge, lorsqu'elle évoque une «réalité souvent plus contrastée» quant au parent désigné comme seul responsable par l'autre, et inversement, s'appuie sans aucun doute sur sa longue expérience des conflits parentaux. Mme Bréhat entend pourtant démontrer que le cas d'espèce est extrêmement complexe, qu'il sort du commun et doit être jugé comme tel.

L'auditoire de maître Tollides était manifestement captivé, et Julian, que je ne cessais d'observer, semblait progressivement perdre contrôle de lui-même. Ses yeux brillants s'agitaient frénétiquement et je remarquais que les doigts de sa main droite ne cessaient de pianoter sur sa cuisse.

– M. Jones choisit, adopte et impose la réalité qui lui convient. Il est alors profondément convaincu et certainement très convaincant. Mais il peut en changer tout aussi rapidement et peut se montrer particulièrement irascible envers qui veut s'opposer à lui…

Tollides respira, il se tut, ferma les yeux et grimaça. Il y avait dans cette grimace de la douleur.

– Irascible envers qui s'oppose à *sa* vision de la réalité… notamment sa fille, hélas, qui a ce talent, malgré son jeune âge, de discerner le vrai du faux !

J'observai toujours Julian et je me demandai si je n'étais pas victime d'une hallucination. Sa mâchoire se crispait, son sourire vainqueur se muait en un rictus agressif, son œil devenait effrayant. Julian, le « surdoué », qui maîtrisait toujours tout et montrait un visage parfait devant tous les intervenants de New York, semblait prêt à exploser à tout moment. Les juges le fixaient et je crus lire du dégoût dans le regard du président. Je retins ma respiration.

Maître Tollides poursuivait sa plaidoirie. Là où Tarnec serrait et écrasait sur sa table un poing vengeur, Tollides tournait vers tous une main ouverte, bienveillante. Là où Tarnec dressait et faisait tournoyer un doigt accusateur, Tollides joignait ses paumes dans une prière humble. Tarnec, c'était Mussolini. Tollides, c'était Gandhi, Luther King, Mandela.

Soudain, les yeux de maître Tollides se firent durs.

– Par ailleurs, l'argumentation de M. Jones devant la cour laisse transparaître, en de multiples points, une violence et une haine larvées très inquiétantes. Le harcèlement judiciaire incessant, les menaces, le chantage envers le docteur Richt en sont des signes éloquents. Rappelons qu'au mépris des intérêts de l'enfant il a cherché à suspendre le travail du docteur Richt qu'il accuse de complicité à un enlèvement d'enfant. Il a récemment poursuivi ce harcèlement par voie judiciaire puisque le docteur Richt a dû répondre à de fausses allégations devant le tribunal disciplinaire de l'État de New York. Elle vient d'en être totalement blanchie faute d'accusations et d'argumentations sérieuses. Il convient de rappeler qu'un nouveau signalement a été fait par le chef de l'unité pédiatrique de l'hôpital de Quimper expliquant que l'enfant a été « admise pour idées noires, pensées suicidaires » et qu'elle présentait « un état de détresse psychique important » provoquant une « crise d'angoisse avec tremblements, polypnée ». Comment M. Jones peut-il négliger, comme il le fait, la douleur de son enfant ? Cette dernière a déclaré au juge « j'aime un petit peu mon père, presque pas ». Elle a dit à son père depuis, lors de leur dernier contact téléphonique : « Je veux bien que tu sois mon père, si tu arrêtes de mentir et de dire que je mens. » Une enfant entièrement sous l'emprise de sa mère, comme il est allégué, serait incapable d'une telle nuance. L'absence totale d'ambivalence de l'enfant aurait été le principal signe du prétendu « syndrome d'aliénation parentale » allégué par le père, et lui seul, sans pièce à l'appui. Ce n'est donc manifestement pas le cas !

Je fixais toujours Julian, de plus en plus incrédule. L'agitation nerveuse de sa jambe droite, le rictus qui déformait son visage et sa mâchoire serrée composaient un tableau de plus en plus saisissant. Les juges ne le quittaient pas des yeux. Julian se tourna alors vers moi. Ses yeux exorbités reflétaient toute sa haine. Je frissonnai. Effarée, je me retournai vers les étudiantes assises derrière moi. Les deux jeunes filles me sourirent simultanément. Il y avait dans leur regard de la compassion.

– La personnalité de M. Jones est particulièrement inquiétante. M. Jones montre deux visages très différents selon les interlocuteurs et les circonstances : le tyran domestique se cache derrière une façade sociale particulièrement altruiste et pacifique de militant humaniste. Mais cette construction elle-même devient caricaturale, grossièrement mensongère, et vire même au délire prophétique : la lecture des sites mis en ligne par M. Jones pourrait faire rire en dehors du présent contexte – vous verrez par vous-mêmes, messieurs les juges. M. Jones a une vision, une mission : il va maintenant « illuminer le monde » pour l'unifier.

L'expression sur le visage de Julian me bouleversa soudain. Je la reconnus. Je m'attendais presque à ce qu'il hurle en ma direction la phrase qui m'avait alertée sur sa folie lorsque je lui avais jeté un bonnet sur l'épaule : « Tu m'as blessé ! J'ai eu l'impression que le ciel me tombait sur la tête ! » Julian était en train de dévoiler sa face sombre, celle qu'il prenait généralement bien soin de cacher et je ne pouvais m'empêcher de trembler. Je claquai des dents, conditionnée sans doute. Mais les yeux du président du tribunal, posés sur moi, reflétaient un mélange d'empathie et de pitié à mon égard. Il me croyait ! Tarnec secoua la tête faiblement, mais le cœur n'y était plus. Il semblait avoir jeté les gants.

Brusquement, le discours de Tollides s'accéléra, sa voix se fit forte. Il lança l'assaut, et, soudain, les mots claquèrent, les répliques assassines fusèrent, les phrases sifflèrent, les arguments explosèrent. La violence et la peur avaient envahi la salle, palpables, incarnées. La violence de Julian, notre terreur. Le chaos de Julian. Sa folie aussi. Mes yeux s'emplirent de larmes et ma vue se brouilla.

– Par ailleurs, comme on l'observe souvent dans ce type de personnalité, M. Jones prête facilement aux autres (il projette sur eux) ses sentiments les plus agressifs, ses travers les moins acceptables. On a vu ainsi qu'il attribue d'abord des troubles psychiques à Mme Bréhat. On a vu qu'il accuse Mme Bréhat d'entretenir des rapports asphyxiants, aliénants et d'emprise avec son enfant alors que c'est lui qui a une dépendance malsaine vis-à-vis de sa fille qu'il a tentée de mettre sous son emprise. On a vu qu'il a initié toutes les dernières procédures, y compris en utilisant des méthodes condamnables en France (enregistrement caché) et de fausses déclarations, mais c'est Mme Bréhat qui est pour lui « procédurière ». On a vu dans plusieurs témoignages et signalements qu'il tente régulièrement d'imposer sa réalité propre à sa fille, mais c'est Mme Bréhat qu'il accuse d'implanter des idées dans le cerveau de Gwendolyn ! On a de multiples exemples (pièces à l'appui) de ses mensonges qui deviennent un style de vie, mais c'est Mme Bréhat qui est qualifiée de « professionnelle de la manipulation ». Encore une fois, M. Jones est profondément convaincu de ce qu'il avance, et donc souvent très convaincant. Mais il ne fait qu'alléguer : c'est Mme Bréhat seule qui produit des témoignages et signalements concordants des professionnels et experts qui ne peuvent être ignorés.

Le regard que lança Julian à mon avocat me stupéfia et fit frémir bruyamment les deux étudiantes en droit : son agressivité manifeste n'avait pas échappé aux trois juges, qui ne le lâchaient plus, froids, glaciaux, glaçants, eux qui voyaient devant eux, sur le visage de Julian, se dessiner la folie, la violence, le mensonge, le portrait exact qu'était en train de dresser, mot après mot, phrase après phrase, un époustouflant Tollides.

Le masque était tombé. Julian affichait désormais un rictus haineux permanent, ses yeux étaient écarquillés, perdus, paniqués. C'était maintenant lui la bête traquée. Il savait qu'il avait perdu, mais, pour une fois, il était totalement impuissant. Il ne pouvait même plus soutenir le regard des juges, et cherchait désespérément une expression rassurante, un signe de confiance chez son avocat. Or Tarnec avait posé un coude sur son pupitre, et de deux doigts, il soutenait un front devenu trop lourd, il hochait ostensiblement la tête. Le ténor des ténors semblait accablé. Je n'y croyais pas. Tout cela semblait irréel.

– À la lumière de tout cela, il n'est tout simplement pas concevable, sans avoir au moins pris la précaution d'une expertise, d'envisager le simple retour de Gwendolyn au domicile paternel.

Maître Tollides était immobile. Il respira longuement, puis se retourna vers moi. Il avait l'air épuisé. Mais son visage, pourtant grave, dégageait une impressionnante sérénité. Les deux étudiantes trépignaient, elles me souriaient, elles paraissaient folles d'enthousiasme. Tout cela semblait chimérique. Se pouvait-il vraiment que ?...

Les mots violents employés par Tarnec me firent soudain comprendre qu'il avait entamé sa plaidoirie. « Mme Bréhat... une manipulatrice hors pair... mère pathologique et dangereuse qui n'hésite pas à laver le cerveau de sa fille pour en découdre avec le père... » Sa voix emportée, son ton coléreux et son argumentation désordonnée, quel contraste avec la musique, la partition jouée par maître Tollides ! J'observai Julian. C'était lui qui maintenant s'agitait sur sa chaise comme un insecte dans une toile d'araignée. Je ne savais que trop bien ce qu'il ressentait, ce besoin irrépressible de réagir ou de fuir, tout en ayant pleinement conscience que ses propres réactions resserrent inexorablement le piège, que l'on provoque sa propre perte et que la peur que l'on ressent stimule notre tortionnaire. Le plus diabolique dans cette situation, le plus pervers, c'est la lucidité de la victime. À le voir si pitoyable, j'avais presque pitié de Julian… Presque. Quel retournement ! Il me semblait que les mouches avaient changé d'âne. J'étais perdue dans mes émotions, dans un délicieux brouillard, et je n'entendais plus rien de la plaidoirie de Tarnec car j'étais déjà loin.

Épilogue

Les cloches de la petite chapelle de Saint-Michel carillonnent pendant que sur la terrasse, dans la lumière éblouissante de l'après-midi, Gwendolyn prépare soigneusement sa poupée pour une journée d'école. Une fumée noirâtre émerge du sous-bois où j'ai fait un feu avec des centaines de documents accumulés au cours de ces mois de procédure harassante, mêlés à des déchets de jardin. Je contemple la lente désagrégation de ce panache toxique dans le ciel d'été lorsque, soudain, le téléphone sonne. Je décroche nerveusement, les yeux fixés sur Gwendolyn dans le jardin. Je reconnais instantanément la voix de maître Tollides, euphorique.

– Madame Bréhat ?

– Oui…

– Gwendolyn est sauvée !!! Les juges d'appel vous ont crue ! Ils affirment qu'il n'y a pas de syndrome d'aliénation parentale. Voici comment ils ont motivé la décision : « Gwendolyn exprime de longue date et de manière réitérée son mal-être chez son père sans que l'on puisse réduire cette expression à une manipulation maternelle» ; il existe «un risque grave que le retour de l'enfant ne l'expose à un danger psychique ou physique ou ne la place de toute autre manière dans une situation intolérable. Il y a donc lieu par application de la convention sur les aspects civils de l'enlèvement international d'enfants du 25 octobre 1980 de refuser d'ordonner le retour de l'enfant.»

Extatique, je pleure de joie, prête à crier à Gwendolyn que notre cauchemar a pris fin, nous sommes sauvées, lorsque j'entends une voix fluette, posée, derrière moi – c'est Gwendolyn qui fait parler Harmonie et me sourit. «On est arrivées dans ton pays ! Ne pleure pas, maman, tout va aller mieux maintenant. Je te promets.»

Table

L'EXEMPLAIRE QUE VOUS TENEZ ENTRE LES MAINS
A ÉTÉ RENDU POSSIBLE GRÂCE AU TRAVAIL DE TOUTE UNE ÉQUIPE.

COUVERTURE : Sara Deux
MISE EN PAGE : Soft Office
RÉVISION : Marie Sanson et Sarah Ahnou
FABRICATION : Maude Sapin avec Isalyne Avenel

COMMERCIAL : Pierre Bottura
COMMUNICATION : Isabelle Mazzaschi
avec Adèle Hybre et Typhaine Maison
RELATIONS LIBRAIRES : Jean-Baptiste Noailhat

DIFFUSION : Élise Lacaze (RUE JACOB DIFFUSION), Katia Berry (GRAND SUD-EST), François-Marie Bironneau (NORD ET EST), Charlotte Knibiehly (PARIS ET RÉGION PARISIENNE), Christelle Guilleminot (GRAND SUD-OUEST), Laure Sagot (GRAND OUEST)
et Diane Maretheu (COORDINATION), avec Christine Lagarde (PRO LIVRE) Béatrice Cousin et Laurence Demurger (ÉQUIPE ENSEIGNES), Fabienne Audinet et Benoît Lemaire (LDS), Bernadette Gildemyn et Richard Van Overbroeck (BELGIQUE), Nathalie Laroche et Alodie Auderset (SUISSE), Kamel Yahia
et Kimly Ear (GRAND EXPORT).

DISTRIBUTION : Hachette

DROITS FRANCE ET JURIDIQUE : Geoffroy Fauchier-Magnan
DROITS ÉTRANGERS : Catherine Farin avec Laurence Zarra

ENVOIS AUX JOURNALISTES ET LIBRAIRES : Patrick Darchy
ACCUEIL DU 27 RUE JACOB : Fadéla Hassani
LIBRAIRIE DU 27 RUE JACOB : Ariane Geffard
COMPTABILITÉ ET DROITS D'AUTEUR : Christelle Lemonnier
avec Camille Breynaert
SERVICES GÉNÉRAUX : Isadora Monteiro Dos Reis

La couverture et la bande ont été imprimées
par Déjà Link à Stains.

Achevé d'imprimer en France par CPI Bussière
à Saint-Amand-Montrond (Cher) en avril 2016.

ISBN : 978-2-35204-508-3
N° d'impression : 2022950
Dépôt légal : mai 2016